U0547457

文明互鉴文库

初识中华文化基因丛书

陆海书系

LANDSEA

中希文明互鉴中心
西南大学汉语言文献研究所　组编

言字奇葩

纳西哥巴文揭秘

李晓亮　著

西南大学出版社

国家一级出版社　全国百佳图书出版单位

图书在版编目(CIP)数据

音字奇葩：纳西哥巴文揭秘 / 李晓亮著. -- 重庆：西南大学出版社, 2025. 1. -- ISBN 978-7-5697-2330-4

Ⅰ. H257.2

中国国家版本馆CIP数据核字第2024U94F19号

音字奇葩：纳西哥巴文揭秘

YINZI QIPA：NAXI GEBAWEN JIEMI

李晓亮 著

责任编辑：张昊越
责任校对：李晓瑞
装帧设计：殳十堂_未　氓
排　　版：杨建华
出版发行：西南大学出版社（原西南师范大学出版社）
地址：重庆市北碚区天生路2号
邮编：400715
经　　销：全国新华书店
印　　刷：重庆升光电力印务有限公司
成品尺寸：145 mm × 210 mm
印　　张：8.125
字　　数：190千字
版　　次：2025年1月　第1版
印　　次：2025年1月　第1次印刷
书　　号：ISBN 978-7-5697-2330-4

定　　价：45.00元

丛书序

崔延强

在人类文明的浩瀚星空中，有两颗璀璨的明星，一颗在东方，一颗在西方，相映成趣，熠熠生辉。在东方的叫作中华文明，在西方的叫作希腊文明。中希两大文明以同样深厚的文化底蕴和特色鲜明的文化基因，为人类文明的发展做出了不朽的贡献。

不同文明的交流互鉴是推动人类文明进步和世界和平发展的重要动力。中希两大文明的交流互鉴，乃至于后续即将开展的中西文明互鉴，对于保持人类文明的多样性和构建人类命运共同体具有重要意义。为了让更多的人了解五千年的中华文明史并感受中华文化的独特魅力，深入推进中希文明交流互鉴，我们特别推出“初识中华文化基因”丛书，作为“文明互鉴文库”的一个系列。该丛书还得到中共重庆市委宣传部的大力支持，并收录于“陆海书系”，在此表示诚挚的感谢！

丛书首批共有七册，内容围绕文字本体、文字的物质载体、书法艺术、文字的文化内涵展开，涵盖了甲骨占卜材料、青铜器及其铭文、简帛文献、出土秦汉法律文书、简帛数术文化、石刻书法艺术和纳西哥巴文等多个方面。这些内容不仅是对中国传统文化的深入挖掘,更是对中华文化基因的细致解读。

在甲骨占卜材料中,我们将带您领略古人如何借助神秘的龟甲兽骨来探寻天地之间的奥秘;在青铜器及其铭文中,我们将揭示那些精美的青铜器背后所蕴含的历史沧桑;在简帛文献中,我们将带您穿越时空,感受古人的智慧与才情;在出土秦汉法律文书中,我们将解读那些千年前的法律文书所揭示的社会风貌;在简帛数术文化中,我们将揭示古人如何运用数术来认识世界、预测未来;在石刻书法艺术中,我们将带您欣赏那些刻在石头上的书法艺术,感受中华文字的魅力与力量。此外,我们还将对纳西哥巴文进行概述和研究,探讨这一古老的纳西族文字与汉族文化的交流与融合。

这套丛书的内容深入浅出,语言通俗明快,适合国内各个年龄层次的读者,也适合国外研究汉学的专家和学习汉语的外国留学生。无论您是文化爱好者、历史研究者,还是对中华文化感兴趣的普通读者,都能够在这套丛书中找到属于自己的乐趣并有所收获。

我们期待这套丛书能够成为中希文明互鉴的一座桥梁,促进不同文化之间的交流与融合,推动人类文明的共同进步和世界的和平发展。

让我们从这套丛书开始共同踏上探寻中华文化基因的旅程吧!

全世界各民族的文字，形形色色，好似山花烂漫。生活在中国西南的纳西族以拥有东巴文和哥巴文两种不同类型的文字而独树一帜。其中，哥巴文作为一种音节文字，宛如音字中的一朵奇葩，与纳西族的另一种表意文字东巴文共同承载着纳西族深厚的历史和文化内涵。

本书主要面向普通读者，介绍哥巴文的起源、特征及其与其他文字的关系，揭示其在纳西东巴文化中的独特地位。

第一章介绍纳西族历史地理、宗教信仰及语言文字，探讨它们如何与哥巴文相互交织，便于读者了解哥巴文产生的背景。第二章聚焦哥巴文的起源与发现，阐述其地域分布及外部特征，帮助读者了解哥巴文的历史脉络及其在纳西族社会中的地位。在第三章中，我们将从微观层面深入分析哥巴文的字符特征，讨论它与东巴文、汉字和藏文之间的关系，从而揭示哥巴文的字符来源。此外，我们还讨论了哥巴文的字词关系问题，复杂的字词关系显示出哥巴文文字制度的不够完善。第四章探讨哥巴文在宗教仪式及日常生活中的实际运用，展示其在文化传承中的重要作用。第五章则讨论哥巴文的一场文字改革运动。作为一种表音文字，哥巴文并不完美。在外国传教士和国内学者的提醒下，纳西族的东巴祭司们也认识到这一点。因此，他们自发地制定出一套哥巴文的规范和标准。虽然这套规范并没有被完全实施就中止了，但这场文字改革的意义在历史上却不容小觑。第六章，我们回顾了哥巴文研究的历史，讨论其在学术界的地位及未来发展方向。在第七章中，我们全面介绍了四部现存比较重要的哥巴文字词典的作者、编纂历程、出版情况、体例、学术价值及不足，希望可以推动哥巴文的传播与应用，帮助更多人了解这一独特的文字系统。

我们希望通过《音字奇葩——纳西哥巴文揭秘》这本小书，能够激发读者对哥巴文及纳西族东巴文化的兴趣，推动纳西传统文化的保护与传承。让我们共同倾听这一来自历史深处的声音，珍视那段丰富而鲜活的文化记忆。

引用工具书简称表

简称	全称
《谱》	《纳西象形文字谱》
《么象》	《么些象形文字字典》
《么标》	《么些标音文字字典》
《辞典》	《纳西语-英语百科辞典》
《全集》	《纳西东巴古籍译注全集》

第一编

纳西族文字的两朵奇葩

全世界有两千多个民族，每个民族都有自己的语言，但是能够发明文字的民族并不多，而且能够拥有两种以上文字的民族更是凤毛麟角。我国的纳西族就是其中之一，她不仅发明了一种象形文字（又称形字）东巴文，还发明了一种音节文字（又称音字）哥巴文。著名学者李霖灿曾深情地写道："么些族①的文字之花开放得有点与众不同，普通的情况，一个民族在一个时候总是使用一种文字，或用从形的'形字'，或用从音的'音字'，而么些现在平行的使用着两种文字，一种是形字，一种是音字。若仍以花为例，通常花卉都是开一种颜色的花，而么些族文字既开形字的红花，同时又开音字的黄花，花开二色，同梗并蒂，格外令人珍赏。"②

---

① 么些族即纳西族。

② 李霖灿：《么些族文字的发生和演变》，载《么些研究论文集》，台北故宫博物院，1984年，第61页。

一、纳西族与东巴文化

1. 纳西族

在祖国的大西南，有一个美丽的地方叫丽江。那里山川壮丽、风景秀美，那里有金沙江，那里有玉龙雪山，那里有虎跳峡，那里有丽江古城，那里还生活着一个拥有悠久历史和灿烂文化的民族——纳西族。传说纳西族源于远古时期居住在我国西北河湟地带的羌人，后来他们向南迁徙至岷江上游，又向西南至雅砻江流域，最终西迁至金沙江上游东西地带，在以丽江为中心的广大地域繁衍生息。

纳西族现有人口约30万人，主要分布在云南的丽江、永胜、宁蒗、中甸、维西、剑川、鹤庆，四川的木里、盐源和西藏的盐井、芒康等地。纳西族的他称有“么些”“摩沙”“磨些”“末些”“么梦”“摩梭”等十余种，实际都是一音之变，汉文史籍及汉族民间都用“么些”。国外一般用拉丁字母“Mo so”表示。纳西是新中国成立以后，国务院正式批准的统一族称。“纳”意为“大”，“西”意为“人”。“纳西”有“伟大的民族”之义。

2. 东巴教和东巴文化

纳西族民间信仰东巴教。与一般宗教不同，东巴教是一种原始宗教，源于自发的原始巫教，唐初受到吐蕃苯教的影响，以原始崇拜、图腾崇拜和重占卜为特点，是纳西族古文化的创造者和传播者。后来，东巴教又受到藏传佛教、汉族道教等宗教的影响，发展出了一些与原始巫教不同的特点。

自然崇拜是东巴教的显著特征之一。纳西族先民认为世间一切物象都是有灵性的，因此都要加以崇拜。他们把自然力人格化，变成超自然的神灵，创造出天神、星神、风神、山神、水神、火神等，形成原始的自然崇拜和神灵崇拜，从而产生了许多原始集体祭祀仪式，如祭天、祭星、祭风、祭山神、祭水神、祭火神、祭天灾神等。

多神崇拜是东巴教的另一显著特征。记载于东巴经中的神、鬼、东巴、自然神的名号多达2000个。东巴教的传统观念认为，神是住在天宫十八国，主宰物质世界的一部或全部，既能保佑人类，又能镇压一切妖魔鬼怪的超自然体的最高者。东巴教排座首位的大神叫萨英威登，其次是依古阿格和恒丁窝盘，祖师丁巴什罗只排第四位。武神有九头根空神和四头卡冉神等，还有众多的护法神如东格、优麻天将等。

东巴教已有古老独特、系统丰富、各地统一的东巴经，内容不同的东巴经超过1000种，多数都用象形的东巴文写成，少数用标音的哥巴文写成。各地东巴用纳西语读经基本上都能相通。东巴教还有基本一致的道场法事数十种，比如，祭天仪式、祭署仪式、祭风仪式、禳垛鬼仪式等，并有记录法事规程和书目的董姆专书。东巴教和与之相关的民风民俗，构成了纳西族独特的民间文化——东巴文化。

3. 东巴

“东巴”to^{33}bɑ^{33}，东部方言又称“达巴”dɑ^{33}bɑ^{33}，是纳西族民间主持东巴教仪式的祭司。“东巴”的含义是“诵经者”或“智者”，亦被称作py^{33}bu^{21}或lɯ^{55}bu^{21}，东巴文写作。东巴教因东巴祭司而得名。东巴在汉文典籍中又称作“多巴”“刀巴”“刀把”“多宝”“多跛”等。东巴是东巴教的组织者和主持者，必须熟练背诵大量的东巴经典，熟悉宗教仪轨，并且能写会画，能歌善舞，还要会打卦占卜。他们是集巫医学艺匠于一身的民间知识分子，是东巴教的创造者和传承者。

传说第一位东巴，也就是东巴教的创立者叫丁巴什罗，纳西语作ti^{33}pɑ^{33}ʂər^{55}lər^{33}，东巴文写作。据东巴经《丁巴什罗的来历》记载：丁巴什罗出生3天后，就被魔鬼抓去，在他手上扣上手铐、脚上扣上脚镣，并把他投进铸有8个提耳的大铜锅里煮了3天3夜，他未被煮死，反而神通灵性倍增。此后，他住在18层天上的帐幕里，使得鬼怪一听到他的名字便发抖。后来，人间出了个女魔，到处吃人、害人，于是，他用牦牛驮着99部经书，带着360个弟子和“千千万万神兵、神将”，从18层天上下凡人间，设计杀死了女魔，拯救了人类。又记录：他懂得喇嘛经典，曾与喇嘛斗过法术，最后以高明的法术取胜于喇嘛。因此，每个东巴都是丁巴什罗的化身，东巴去世后都要举行祭什罗仪式。和志武认为，丁巴什罗是苯教祖师丹巴喜饶的纳西语音译转读。

历史上另一位著名的东巴叫阿明，其出生之地位于今香格里拉市，他是白地“叶”氏族父子联名第九代。阿明生于北宋中期，据说他曾到西藏学经，藏语藏文很好，回来后用象形文字书写东巴经传教，晚年在“阿明灵洞”修行成道，故被当成接近神明的人物。东巴经中有以阿明命名的经书，例如《阿明祭羊卜经》《求阿明威灵经》和《阿明依多飒经》等。从此，纳西民间就把白地看作东巴教圣地，凡是有条件的东巴一生都要到阿明灵洞朝拜，举行“加威力”仪式。所以，民间有谚语说：“不到白地，不算好东巴；不到拉萨，不算真喇嘛。”丁巴什罗是传说中的人物，并非真有其人，但是阿明应该是真有其人，他是一位东巴大师，开始用象形文字编写东巴经，是对东巴教和东巴文化作出巨大贡献的历史人物。

> 俄亚大东巴机才高土（1940—2009）（曾小鹏摄）

4. 纳西语

纳西族的民族语言是纳西语，它属于汉藏语系藏缅语族彝语支，分西部和东部两个方言。西部方言主要分布在金沙江以西的丽江、中甸、维西等，包括大研镇、丽江坝和宝山州三个土语区。东部方言主要分布在金沙江以东的宁蒗、盐源、木里、盐边等，包括永宁坝、瓜别和北渠坝三个土语区。纳西语以西部方言为基础方言，以大研镇土语为标准音。

二、东巴经：纳西族古代文化的百科全书

东巴经是东巴文化最重要的载体，其内容涉及纳西族古代社会的语言、文字、自然、历史、地理、宗教、哲学、民族、民俗、文学、艺术、天文、历法、农业、畜牧、医药等众多领域，是古代纳西文化的百科全书，也是中华民族的文化瑰宝。2003年8月，东巴经被联合国教科文组织列入世界记忆遗产名录，成为全人类共同的宝贵财富。

东巴经的三大经典是《崇般图》《鲁般鲁饶》和《黑白战争》。《崇般图》又名《创世纪》《人类迁徙记》，主要讲述人类的起源。《鲁般鲁饶》又名《牧奴悲剧记略》，主要讲述了开美久命金和朱古羽勒排的爱情悲剧。《黑白战争》又名《董术战争》，主要讲述了代表光明的善神米利东及其儿子阿璐，同代表黑暗的恶神米利术之间的战争。

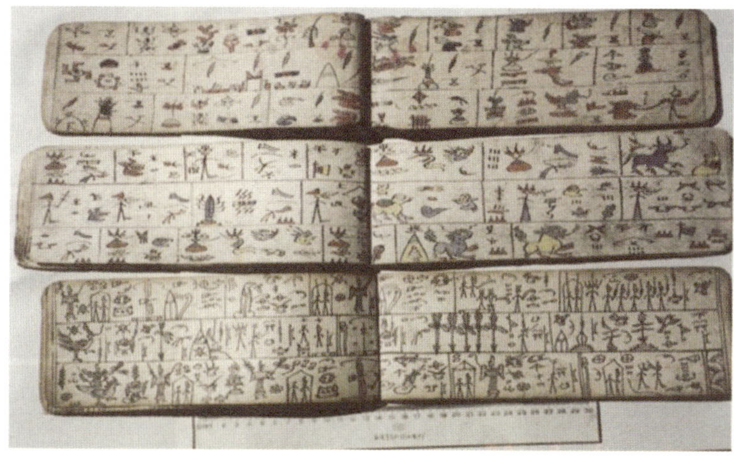

> 丽江东巴文化研究院所藏的东巴经

“东巴经”，纳西语读作 to^{33}bɑ^{21}tɕə^{21}。东巴经不限于用东巴文书写，用哥巴文书写的经典也叫“东巴经”。

1. 书写东巴经使用的工具

笔

东巴书写东巴经使用的笔主要是竹笔，一般由丽江、中甸、维西等地生长的质地坚硬的山竹削制而成。余庆远《维西见闻纪·竹笔》记载，竹笔，“么些、古宗皆有字，用楮墨而无笔，以竹为锥，长三寸余，膏煎其颍，令坚锐。以大指、食指掐而书之”[1]。

竹笔分为竹管笔和竹批笔两种。竹批笔的性能要优于竹管笔。竹笔的笔尖构造“双瓣合尖”，跟钢笔十分相似。

① 邓章应、白小丽编著:《〈维西见闻纪〉研究》，四川大学出版社，2012年，第181页。

此外，有的东巴会用蒿秆、芦苇等材料制笔，但其质软、弹性差，性能远不如竹笔。同时还有毛笔、铁笔和铜笔，铜笔所写的东巴文笔画细而匀，但对纸张的要求苛刻得多。因此，大部分东巴经是用竹笔写成的。

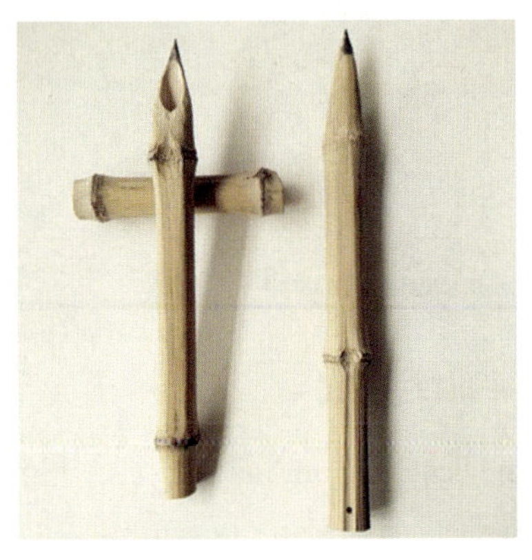

> 竹管笔

墨

古代纳西东巴使用的墨叫松烟墨，它是由燃烧松毛、松枝、松球等在锅底留下的黑烟和动物胆汁混合而成。李静生指出："过去纳西人夜间点亮一般用'松明子'，母房火塘边是一家人生活的中心，晚上烧上'松明子'，一家人围坐火塘边。'松明子'燃烧时，一股浓黑的松烟上窜。为了防止烟子在屋里乱飞，人们便在'松明子'台的上方覆吊一瓦盖。久之，积下一层厚油烟。东巴制墨便取下油烟，再用一种名叫'季古都鲁'……的植物的根所制的药水调和油烟，便成了写经书的墨。现在看来，这种'药水'有两种功能，一是防虫蛀，二是使松烟墨增添光

泽。”[①]清代以来，有条件的东巴会到丽江城里买墨水。

墨色搭配：一般的经书均用墨本，即书名、正文和跋语都用墨汁书写，其中用红色墨水书写卷首符、重要的人名、咒语等重要字词，也有一些用彩色书写的东巴经。

> 彩本东巴经

纸

东巴经的主要书写载体是东巴纸，这种纸的制作工艺是纳西族传统造纸工艺的一种，所造纸张专门供东巴书写经书或画东巴画。2006年，东巴纸入选第一批国家级非物质文化遗产名录。造纸用的原料是一种名叫荛花的丛生灌木，纳西语叫作 $ə^{55}dər^{33}dər^{21}$，系端香科荛花属，高约1米，主干直径在4厘米以内。这种植物的内皮柔软细腻，呈乳白色。人们把剥取下来的树皮（要刮去褐色的外层）放入锅中用猛火煮熟后，在脚碓中捣细即成纸浆。

① 李静生：《纳西东巴文字概论》，云南民族出版社，2009年，叙言第3页。

> 造东巴纸的原料荛花树皮

造纸时，人们把底部有活动竹帘的木框浸于清水中，取纸浆块放入木框内搅拌，使之均匀悬浮于水面，然后垂直地把木框从水里捞出，取出竹帘，把附着在上面的纸浆反贴在平整的木板上，晒干后揭开即为成品。纸张的大小取决于木框的长宽，一般的尺寸是25厘米×60厘米。

东巴纸质地坚韧，不易被虫蛀，颜色近似土黄色；吸水性适中，宜于竹笔书写。但纸的表面较粗糙，使用前应用光滑的卵石打磨。

> 捞纸

2. 东巴经的外部特征

装帧及规格

东巴经采用线订册页装,以许多单张书页为单元集合装订成册。这种装帧形式来源于梵夹装,它是用上下两块护书板夹着散页梵文书的装帧形式。这种形式最早见于以梵文书写在贝多罗树叶上的古印度佛教经典(贝叶经)。早先东巴经还有护书板、捆书带和护书巾,后来极少使用护书板。

东巴经的装订方法有两种:左侧装订和上方装订。左侧装订指在短开本的左边打孔(一般是两个)后用线装订,从右往左翻阅,类似现代书。上方装订指在短开本的上边(上部框际)打孔后用线装订,从下往上翻阅。左侧装订的书是普通经书,上方装订的书多为占卜书。装订使用的线一般是棉线。

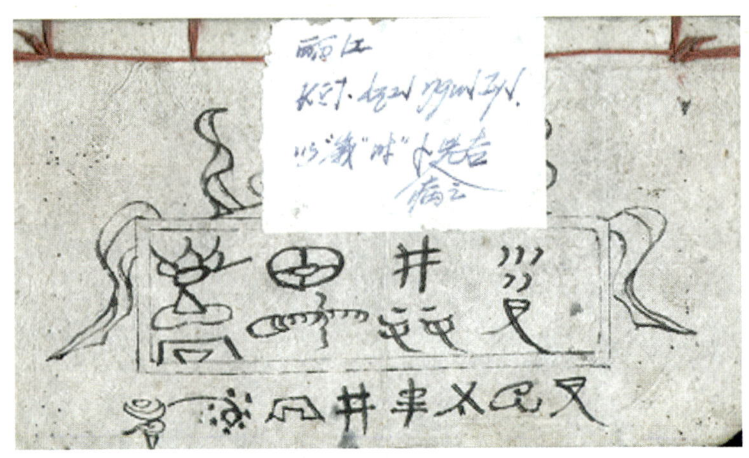

> 上方装订

东巴经的规格(开本)仿照贝叶经,但大小不同。贝叶经的规格一般长在33～50厘米,宽在4～6厘米。常见的东巴经的规格一般在"长26厘米×高8厘米"至"长29厘米×高9.5厘米"之间,但也有少数小于或大于常见规格的经书。经书的规格各地有所不同,丽江盆地及其附近地区的经书大小适中,玉龙山北部的奉科、宝山、大具、鸣音及大东乡的经书比丽江地区的经书略小,而鲁甸、塔城地区的经书比丽江地区的经书要宽大一些。和力民在《田野中的东巴教文化》[①]中详细介绍了玉龙山北部山区、丽江盆地和鲁甸、塔城等地区的经书的规格:

玉龙山北部的奉科、宝山、大具、鸣音及大东乡的东巴经书,一般不用格巴文而只用东巴文书写。经书的开本比丽江盆地和其他地方的略小,一般为横长27~29厘米,直宽8~9厘米。

① 和力民:《田野里的东巴教文化》,民族出版社,2016年,第218–219页。

经书封面有横本横书和直本横书两种，一般不加装饰。里页书写有竹笔书写、铜笔和铁笔书写几种，字迹较纤细、简练，彩色本亦较少。

丽江盆地及其附近地区的东巴经书，用东巴文和格巴文书写。有东巴文写本、格巴文写本和东巴文格巴文混合写本三种类型。经书开本一般为横长28厘米左右，直宽9.5厘米左右。封面一般为横本横书，有一定的装饰。主要用竹笔书写，也有用毛笔书写的，有较多的彩色本。经文第一页的左边或右边或左右两边会有东巴祭司或神灵的黑白或彩色画像，经书封面书名图框的左右两边，常贴红、黄、绿色纸来装饰。

鲁甸、塔城等地区的东巴经书，用东巴文和格巴文书写。有东巴文写本、格巴文写本和东巴文格巴文混合写本三种类型。经书开本一般横长28~31厘米，直宽9~11厘米，尤其是鲁甸版本较宽大。封面一般为横本横书。内页多是用竹笔写成，书写较认真，笔画较讲究；里页第一页左边常分出一块版面来画插图，亦有左右两边各分出一块版面画插图的；中间分行书写经文。另外，封底或封一、封二等处常绘有插图。

除了不同地域的经书的规格有别之外，不同内容的经书，其规格也不同，哈佛藏东巴经的规格分为两种：一种为长29厘米左右×高10厘米左右；另一种为长10厘米左右×高20厘米左右。第一种是普通经书，第二种是占卜书。

东巴经的篇幅比较小，一般只有二十几页，篇幅大的有几十页的，但是很少有超过一百页的。

版面布局

(1)封面。东巴经的封面布局分为两种，一种是横本横书，另一种是直本横书。横本横书的中间会画一个书名框，在里面题写书名，一般用东巴文书写，或是东巴文与哥巴文混合书写。有时候在书名框下面会用东巴文或哥巴文再写一遍书名。在书名框的周围会画上宝瓶、白海螺、莲花、吉祥结、双鱼、法轮等佛教八宝图案。在八宝的下方会画上流水，两侧画上行云，使宝物如同浮在行云流水之上，增强立体感。直本横书中间也有一个书名框，因为是直本，所以书名框比较小。书名仍然横写。书名框的周围也会画上宝瓶、白海螺、吉祥结等佛教八宝图案。

> 横本横书示意图

> 哈佛藏东巴经，编号 A32

> 直本横书示意图

> 哈佛藏东巴经，编号G19

（2）正文页。东巴经正文页一般无上下围栏，有时有左右围栏。以栏线的条数可以分为：左右无栏、左右单栏和左右双栏。东巴经以横向单线分行，一般分为3行或4行，以3行最为常见。如果是以哥巴文书写的东巴经，由于字形较小，以6行最为常见，也有分8行的。

> 正文页示意图

> 东巴经正文版面

(3)首页。东巴经首页的版面布局与其他正文页不同,一般会把左边单独辟一栏画插图。在经文开头是卷首符号。

> 首页示意图

> 哈佛藏东巴经,编号 B14

插图

与苯教、藏传佛教的经典相似,东巴经也有在经书封面和卷首绘插图的传统。东巴经卷首的插图以东巴、神、护法、法

师、圣人、高僧、大鹏鸟、虎等为主，但也有少量藏八宝、海水、花纹、几何图案等。这些插图一般与经书内容相关，提示性地画出经书中出现的主神或主人公的形象。如东巴经《创世纪》中经常画出主人公崇忍利恩。《迎请卡冉神》中经常画出卡冉四头神神像。也有的经书中画一个具有特色的东巴像。插图一般着色，起到启迪主题和渲染内容的艺术效果。

> 插图为东巴坐像，哈佛藏东巴经，编号 C2

> 插图为神像，哈佛藏东巴经，编号 C11

卷首符

东巴经的卷首符主要用于经文的起始处，是经文开始的标志，但也用于重要的段落和诗句的开头。东巴经的卷首符来源于藏文经典的卷首符。藏文经典的卷首符分单卷首符（༄）、双卷首符(༄༅)，而三重卷首符(༄༅༅)、四重卷首符(༄༅༅༅)、日月卷首符(༁)、智慧卷首符(༂)、嚓拉卷首符(༄༅༅)和格古卷首符(༄༅)主要用于精写本。乌坚体单卷首符“༄”和“༅”，前者使用得比较多，后者较少。还有一种卷首符叫蛇协(༈)，又叫蛇形符，蛇形垂符、果协，因为有时用于句首和卷首，故译为首线或卷首垂符。它来源于吐蕃时期的蛇形符。ༀ在藏文经典中一般用于密咒之语的开头，是一种表示吉祥的特殊符号，也是“书头符”的一种原符形式。

东巴经一般以单卷首符比较常见，也有双卷首符、日月卷首符、带白海螺的卷首符等。

> 双卷首符，哈佛藏东巴经，编号M25

> 哈佛藏东巴经，编号C78

> 日月卷首符，哈佛藏东巴经，编号B30

> 单卷首符，哈佛藏东巴经，编号C29

> 哈佛藏东巴经，编号M5

> 带白海螺卷首符，哈佛藏东巴经，编号C2

标点

藏文经典中使用单协(|)、双协(‖)区分句子和段落。所谓单协,又称单垂符,是区别词与词、句与句的符号,相当于顿号、逗号、分号和句号,故又译为分句符、句间标号、分词符、句读标、单分句线。双协,又称双垂、双分句线。双协有两个作用:一是用于分段、分章节,故译为分段符、分章节、段落符;二是用于某一句诗的末尾,起分诗句的作用,因此译为诗句符。东巴经中用竖线将句子隔开,相当于藏文经典中的单协,用双竖线把段落隔开,相当于双协。单竖线(|)的使用比较频繁,双竖线(‖)比较少,一般用在经书的开头。

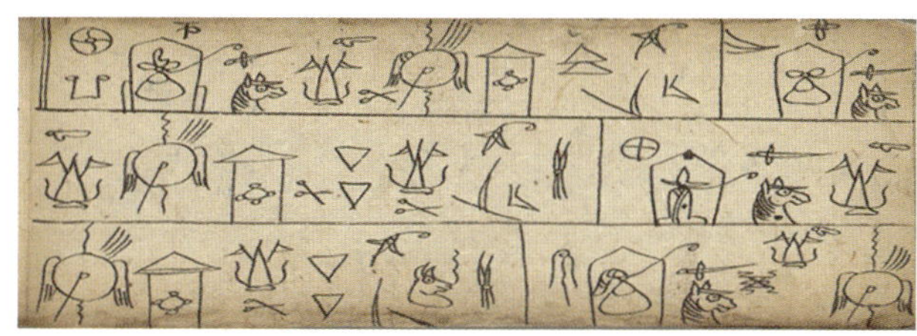

> 哈佛藏东巴经,编号C2内页

伏藏点符(⸪),用于伏藏文献的字、句之后,起分隔字句、段落的作用,相当于顿号、逗号、句号。东巴经中用红圈代替伏藏点符起到分隔句子的作用。

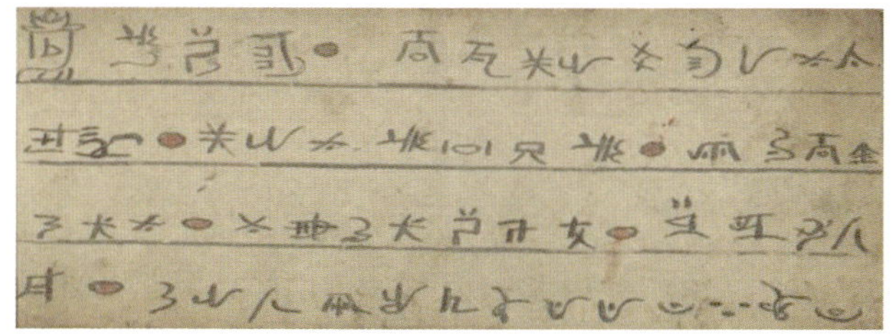

> 哈佛藏东巴经,编号M33

3. 东巴经的内部结构

使用文字

从使用文字上看，东巴经大致可以分为东巴文写本、哥巴文写本和东巴文与哥巴文混合写本三种类型。东巴文与哥巴文混合写本又可以分为混合式和对照式。混合式，即东巴文与哥巴文混在一起，相互补充。对照式，即哥巴文居上，东巴文居下，一一对应书写，两者同音同义。

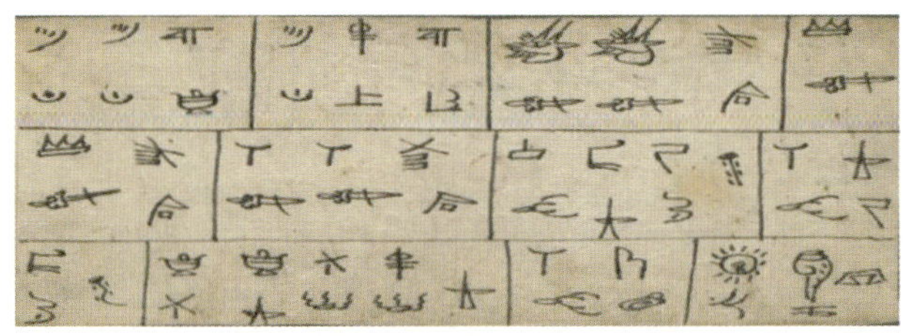

> 混合式，哈佛藏东巴经，编号I06

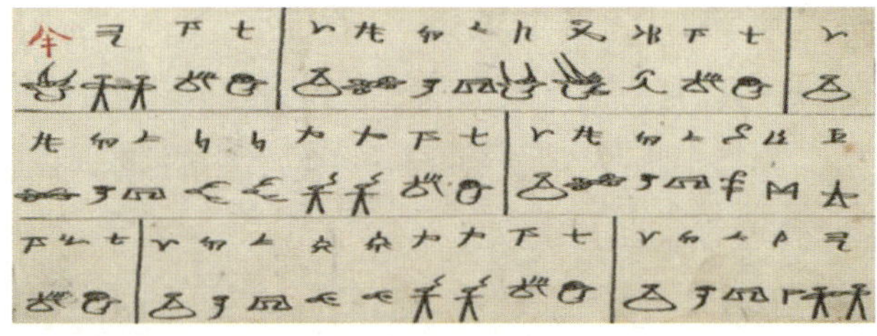

> 对照式，哈佛藏东巴经，编号B44

内容分类

方国瑜在《纳西象形文字谱·东巴经书简目》中将东巴经分为16类，分别是祭天经、解秽经、祭龙经（祭山神龙王经）、祭风

经(超度枉死经)、替生(消灾)经、求寿经、赶瘟经、解厄经、祭释理经(东巴祖师)、燃灯经、祭老姆女神经、开路(开丧)经、荐死经、祭军将经、零杂经和左拉卜经,共394册。方国瑜指出,这个目录是丽江坝区祥云村和忠道讲述和抄写的,据和忠道经书讲,此目录只为举例,并不完全。①

和志武在《纳西族的古文字和东巴经类别》一文中主张把每类只有几本的零杂经归为一大类,将东巴经分为8类,分别是祭风经、消灾经、开丧经、超荐经、祭山龙王经、除秽经、求寿经、零杂经。此外,用东巴文写就的典籍还可以分为6类,分别是卜书、轶闻杂记、东巴念经道场规程及书目、东巴跳舞规程、纳西象形文字哥巴文对照字汇本和东巴学汉文注音本。②

和发源在《东巴古籍的类别及其主题》中将东巴经分为五大类,分别是丧葬类、禳解类、求福求寿类、占卜类、舞蹈类。③

三、东巴文与哥巴文

纳西族有两种古文字,一种是东巴文,另一种是哥巴文。

① 方国瑜编撰,和志武参订:《纳西象形文字谱》(3版),云南人民出版社,2005年,第594页。

② 和志武:《纳西族的古文字和东巴经类别》,载郭大烈、杨世光编《东巴文化论集》,云南人民出版社,1985年,第163-165页。

③ 和发源:《东巴古籍的类别及其主题》,载郭大烈、杨世光主编《东巴文化论》,云南人民出版社,1991年,第600-621页。

1. 东巴文及其变体

东巴文是纳西族先民创造的一种古文字，大多数符号体态比较象形，且沿用至今，被称为“活着的象形文字”。东巴文在纳西语中读作sɿ^{33}tɕə^{55}lv^{33}tɕə^{55}，汉语音译作“森究鲁究”，“森”为木，“鲁”为石，“究”为痕迹，取其见木画木、见石画石之意，意为木石之痕迹。又称作to^{33}bɑ^{21}the^{33}ɣɯ^{33}“东巴特额”，“东巴”意为“智者”或“老师”，“特额”意为“文字”，合起来是“老师的文字”。因为东巴文是以象形为主要造字方法的文字，故又称“形字”。

东巴文的起源较早，但是具体创制于何时，因东巴经中没有明确记录，汉文史籍也没有记载，并且到目前为止还未发现东巴文的出土文物，所以各家之说还难于定论。现在学术界一般认为，东巴文在唐宋之际形成独立的文字系统。

东巴文的总字数在1400字左右。东巴文主要用来书写宗教经典，也就是我们前面说的东巴经。它一直都没有成为纳西族全民通用的文字，只有纳西族的东巴才能识会写，但是在某些地区，东巴文也用来书写信件、契约、账目、医书等。东巴文主要流行于纳西族西部方言区，具体在丽江坝区、宝山、鸣音、奉科、大东、巨甸、塔城、鲁甸、维西等地区。

长久以来，汉文史籍对东巴文并无记载。直到1867年，法国传教士德斯古丁斯才第一次发现了东巴象形文字，并将用东巴文书写的经书传播到欧洲，引起西方社会的极大关注。法国人亨利·奥尔良、波宁等人也接踵而至，陆续发现这些用象形文字书写的经书，并尝试翻译其中的内容。从此，东巴文正式进入学者的视野。

东巴文还有两种变体，即汝卡文和玛丽玛萨文。汝卡人是纳西族的一个支系，又音译作“阮可”“若喀”，聚居在川、滇交界地带，其地属高山峡谷地区。汝卡聚居地主要分布在金沙江的蝶形大湾附近，位于东经100°~101°、北纬27°~29°，范围较李霖灿勾勒的“汝卡地域”略大，横跨金沙江两岸，散居于两省四县，西倚香格里拉，东临木里，北接稻城，南濒丽江，总人口约7000人。汝卡聚居地周围也是其他民族聚居的地方，与汝卡人长期杂居的民族有藏族、汉族、彝族、傈僳族、普米族、蒙古族。云南省香格里拉市的汝卡人主要分布在三坝纳西族乡和洛吉乡。四川省的汝卡人聚居在木里藏族自治县，具体分布在俄亚纳西族乡和与云南省宁蒗彝族自治县拉伯乡毗邻的依吉乡。丽江市古城区的大东乡，玉龙纳西族自治县的宝山乡、奉科镇以及宁蒗彝族自治县的拉伯乡也零散分布有汝卡人。李霖灿在《么些象形文字字典》中专列“若喀字类”。汝卡话属于纳西语西部方言，汝卡人与自称“纳西”的居民杂居在一起，在经济生活和语言文化方面，与当地纳西居民已别无二致。汝卡字的大多数字与东巴文相同，汝卡特有的字约40个。经过比较发现，这约40个特有的汝卡字大多也脱胎于东巴文。如 uo^{21}头顶、 zei^{21}漂亮、 tho^{55}松针。

洛克曾经在20世纪20年代搜集到一套汝卡东巴经，现被收藏在哈佛燕京图书馆和美国国会图书馆。

> 哈佛藏汝卡东巴经，编号 M29

玛丽玛萨人也是纳西族的一个支系，居住在云南省维西县塔城镇境内，人数约2000人。玛丽玛萨人曾使用一种和纳西东巴文类似的原始文字，人称“玛丽玛萨文”（或写作玛丽玛莎文、玛利玛沙文等）。和即仁、和志武于1956年最先对玛丽玛萨文进行调查，共收集了99个字，其字形刊布于《纳西族的社会历史及其方言调查》。1962年和发源又对玛丽玛萨文进行过调查，与和即仁的材料合并，去其重复，共105字，刊布于《纳西语简志》，每字都有字形、国际音标和汉义。

1982年，和志武在《纳西族古文字概论》中说：“我们曾对东巴文和玛丽玛沙文作过初步的分析和比较。1956年（和即仁同志收集）和1962年（和发源同志收集）所调查到的两份材料，总共只有101个字。其中直接借用东巴文的形、音、义的就有69个字，借形、音（义不同）的有10个字，只借字形（音义不同）的有6个字，以上总共85个字，占总数的84%。其中与东巴文找不到相应对比字的(不识字源),只有16个字。”论文列举了玛丽玛萨文与东巴文相同的字22个,与东巴文不同(不识字源)的字16个。1999年《维西傈僳族自治县志》出版,刊布了和即仁、和发源105字的字表和另一个1995年收集的字表,共70字,未注明收集者,每字都有字形、国际音标和汉义。两表去其重复,共有117字。

文字	读音	意义	文字	读音	意义
[illegible]	mv˧	天	[illegible]	kɯ˨˩	星
[illegible]	xɯ˥	海	[illegible]	be˧	雪
[illegible]	dø˨˩	地方	[illegible]	mbu˨˩	峰
[illegible]	lɯ˧	田	[illegible]	dʑi˨˩	水
[illegible]	ndzo˨˩	桥	[illegible]	ŋgu˨˩	仓库
[illegible]	tha˥	塔	[illegible]	bø˨˩	圈
[illegible]	kə˧	坛	[illegible]	mu˨˩	门
[illegible]	dzɿ˨˩	佛铃	[illegible]	ʈʂæ˨˩	对联
[illegible]	mu˨˩	簸箕	[illegible]	thie˧	旗子
[illegible]	ʈʂhu˧	尺子	[illegible]	pu˥	瓶子
[illegible]	khua˨˩	碗	[illegible]	tɕi˥	剪
[illegible]	ku˨˩	针	[illegible]	tshø˧	犁
[illegible]	to˧	木板	[illegible]	ŋgɯ˨˩	山片
[illegible]	sa˧	麻	[illegible]	le˥	茶
[illegible]	kv˧	蒜	[illegible]	ci˨˩	稻
[illegible]	zɔ˧	烟	[illegible]	zɿ˧	草
[illegible]	nie˧	籼米	[illegible]	dze˧	麦
[illegible]	zø˨˩	青稞	[illegible]	ly˧	果实

>《维西傈僳族自治县志》所载1962年前收集的玛丽玛萨文(部分)

2. 哥巴文

除了东巴文之外，纳西族还有另外一种文字——哥巴文。纳西语称为 $gə^{21}bɑ^{21}the^{33}ɣɯ^{33}$“哥巴特额”。“哥巴”意为“弟子”或“徒弟”，“特额”意为“文字”，合起来是“弟子的文字”。传说其为东巴的弟子——哥巴所创，故名曰“哥巴文”。“哥巴”是音译，有学者写作“格巴文”。哥巴文的别称还有音字、标音符、音节文字、音缀文字等。相比起东巴文，哥巴文字符比较抽象，一个字代表一个音节。

纳西族学者和志武认为，纳西东巴文约创始于7世纪的唐代初年，11世纪已有象形文字写的经书；纳西哥巴文约产生于13世纪初年，17世纪已发现哥巴文题铭浅刻摩岩。哥巴文流行于丽江和维西等地。

东巴文向表音方向的发展与东巴文象形表意性质间的矛盾为纯音节文字的出现提供了推动力，而东巴文继续发展成表音文字的阻力巨大，因此，人们转而寻求另一种表音文字。

哥巴文的字符比较抽象，笔画简单，符号性强，再加上异体众多，所以，哥巴文对于我们来讲迷雾重重。接下来我们就为您解开哥巴文神秘的面纱。

第二编

哥巴文概说

一、哥巴文的起源

1. 牟保阿琮发明哥巴文

对于哥巴文是谁发明的这个问题，东巴经中没有说明，汉文史书中也没有记载，但是我们从一些史料和民间传说中还是可以看到一些端倪。汉字的始祖传说是仓颉，那么哥巴文的发明者又是谁呢？

关于哥巴文的发明人，方国瑜认为是13世纪初（宋理宗时）纳西族首领牟保阿琮。牟保阿琮是宋元之交的丽江王。宋理宗宝祐元年（1253），元宪宗派御弟元世祖忽必烈率军南征大理国，途经丽江，牟保阿琮的儿子阿琮阿良到剌巴江口（今石鼓）相迎，元军驻扎丽江城，阿良在诏城里招待忽必烈。后来，阿良跟从忽必烈征大理，攻克大理后，忽必烈让阿良"还镇摩娑诏"，而且"赐地名曰丽江郡"。忽必烈赐名"丽江郡"后，开始出现"丽江"字样，则同时当有"丽江城"的说法了。由于牟保阿琮地位崇高，所以关于他有很多传说，其中就有他造字的故事。

《木氏宦谱·牟保阿琮》如下：

牟保阿琮，生七岁，不学而识文字，及长，旁通百蛮各家诸书，以为神通之说，且制本方文字。偶入玉龙山，见一石盎中清水，饮之，闻云鸟音，遂语禽兽等语。众乃称异，名达大理。诏王段氏未信，来迎聘往。尝数鸦飞噪，问之，言山后有马毙，往食。俄二鸠相鸣，再请，曰："此鸠言前坡荞熟，可以就食，彼鸠应不可，坡顶柏树巢鹰。"使观果应。如是者屡验，加礼甚敬，每所厚赠。忽一日，诏王毁殿上燕巢，取其雏，暗执袖内，佯问："檐前燕何喧？"对："此詈王语，称国祚不久矣，何不修德，且毁吾巢？"诏王不悦。后又空中落一天书于海，有龙悬角呈出，而得厥文无考识。佥议麦琮圣者必识之，再迎聘。寻往，览其书"数十年后，胡兵下大理"云云。至元世祖忽必烈亲征大理，果如卒验。是时摩娑各族枝分部相长，肆后咸以感其推诚服众，敦德化人，合归尊主。夫忠厚以开金牖之业以基，顺子贤孙，无疆永福，天岂偶生哉！善阐国、乌思藏等界，共戴为生知圣人。呜呼！木氏渊源继续，盖有由然，是故君子创业垂统，为可继于千百世者焉。正妻阿室丘，系美陶氏化戟女。生一子，曰良，继父位。①

译作现代汉语：

牟保阿琮，长到七岁，没有学过就能认识文字，长大后，能看懂其他民族的书籍。大家都认为他有特异功能，而且还创造了本民族的文字。偶然有一次阿琮进入玉龙山，看到一个装有清水的石盆。阿琮喝了石盆中的水后，听到云里的鸟在叫，于是他就能听懂禽兽的话。众人都说："这太神奇了。"阿琮的名

① 云南省博物馆供稿：《木氏宦谱》，云南美术出版社，2001年，第9–10页。

声都传到了大理。南诏王不相信，于是把阿琮请来。曾经有很多只乌鸦飞来，发出很大的噪音。南诏王问阿琮这是怎么回事。阿琮说："山后有一匹死马，乌鸦是飞去吃它的腐肉。"一会儿两只斑鸠相互鸣叫，南诏王问："这又是怎么回事。"阿琮说："一只斑鸠对另一只斑鸠说，前坡的荞麦成熟了，可以去吃了。另一只斑鸠说，不行。坡顶的柏树上有老鹰筑的巢。"南诏王让人去查看，果然坡顶有老鹰巢。南诏王像这样考验了阿琮很多次，阿琮都回答正确了。南诏王对阿琮很恭敬，送给他很多礼物。忽然有一天，南诏王毁坏了大殿上的燕巢，把燕子的幼鸟取出并放在袖子里，假装问阿琮："屋檐前面的燕子为什么叫声不断？"阿琮回答说："这是在骂您呢，它说，您的国家不久将要灭亡，您为什么还不积善行德，而且还要毁坏它的巢穴。"南诏王很不高兴。后来天上掉下一本天书，正好落入海里。海里有一条龙，它从海里出来，角上就挂着这本书。有人拾到这本书，但是书里的文字没人认识。大家都说："阿琮是圣人，他肯定认识。"于是南诏王又去把阿琮请来。阿琮来了以后，看到那本书上写着"数十年以后，胡人的军队就会攻占大理"等内容。后来，元世祖忽必烈攻占大理，书上的预言果然应验了。之前摩娑（即纳西）分化成几个部族，他们相互征伐，希望夺取最高权力。后来摩娑各部族认为阿琮能够以诚相待，以德服人，一致推选他为首领。阿琮的忠厚仁义开创了先基，子孙后代也纷纷效仿，天降富贵，难道是偶然的吗？善阐国、乌思藏这些地方都共同拥戴阿琮为生知圣人。哎呀！木氏能永远传下来，是有理由的，那是因为有君王之德建立起的基业，能够传承千秋万代。阿琮的正妻是阿室丘，是美陶氏的女儿。生了一个儿子，叫良，继承了父亲阿琮的位置。

《元一统志·丽江路通安州·人物》又记载："麦宗，磨些人也，祖居神外龙山（即玉龙山）下，始生七岁，不学而识文字，及长，旁通吐蕃、白蛮诸家之书。"[①]

方国瑜指出："所谓'不学而识文字'，当是纳西象形文字，这种图像文字，只要精通纳西语言，了解纳西社会生活，天资聪颖的人能读音识义，并不为奇。在阿琮以前已有象形字，则谓'制本方文字'，当是标音字。"[②]实际上，《木氏宦谱》和《元一统志》都没有明确说"不学而识文字"和"本方文字"到底是什么，方国瑜推测，不学而识的"文字"是象形的东巴文，"本方文字"是标音的哥巴文。

对此，喻遂生有不同的看法，他认为阿琮"不学而识"的文字当是指汉字，原因有三。第一，汉字是古代云南各民族间的通用文字。远的不说，就以唐宋元三代而言，南诏大理时期，"白蛮文化基本上就是汉文化，到段氏王朝，已经无甚区别"。第二，纳西族接受汉文化有长久的渊源。第三，木公撰《木氏宦谱》承袭了《元一统志》的说法，并加上"且制本方文字"。喻遂生还认为，"且制本方文字"应该是指东巴文而不是哥巴文。[③]因

① 李兰肹等编撰：《元一统志》，中华书局，1966年，第562页。

② 方国瑜编撰，和志武参订：《纳西象形文字谱》（3版），云南人民出版社，2005年，第45页。

③ 喻遂生：《纳西东巴文化概论》，西南大学研究生教材，2006年，第7-9页。

此“本方文字”是与外方的汉字、百蛮各家诸书对举而言的，应该是指纳西族最有代表性的文字——东巴文。

关于“本方文字”，《木氏宦谱》还有记载：

瑾按：传先祖麦琮大理聘还，自觉忘其所感灵异，再往玉龙山，寻石盎浆，彷徨莫究。俄而坐憩于磐石，随携竹杖，执之卓地，土若酥然，竟竹节拾壹入地。须曳发秀。悟曰：非予忘灵慧，当有过拾壹代，予复生缘。不日捐馆。至今，迹由存竹林，先祖麦琮历本安翁，屈指拾壹世，夙慧，不学识先祖所制本方文字，且昌大我木氏，为观德绳祖，或亦信乎有诸欤？愚以如释氏从果论，则姻缘机缘，乃三生之说。①

这段是木泰的孙子木公写的按语。译作现代汉语：

传说先祖麦琮（即阿琮）从大理回来，感觉自己已经失掉了能听懂鸟兽语言的特异功能，于是再次前往玉龙山寻找那个石盆中的水，但是没找到，他坐在磐石上休息，把随身携带的竹杖插在地上，土好像越来越松软，竹杖竟然长高了十一个竹节，过了一会儿竹子居然发芽开出枝叶来。于是他恍然大悟，说：“不是我失掉了特异功能，而是十一代以后，我就会重生。”过了不久，阿琮就去世了。到了今天，那片竹林还在，从阿琮到本安（木泰）已经十一代了。木泰向来很聪慧，没人教他，他就能读

① 云南省博物馆供稿：《木氏宦谱》，云南美术出版社，2001年，第31-32页。

懂阿琮创制的本族文字。此外,木泰像阿琮一样是木氏的好榜样,能够让木氏长盛不衰,因此,木泰是阿琮转世难道不可信吗?我以为就像佛教所说的因果论那样,一切都是因缘际会,是三生的学说。

木泰,字本安,号介圣,阿琮的后裔。在历代木氏土司中,木泰首倡诗书,倡导学习汉文并创兴教育,推崇文雅风尚,不娶小妾,制定家规,善于治理政务,是一位承前启后的杰出人物,也是纳西人中用汉文字写格律诗的第一人、木氏土司中有汉文诗作传世的第一人。方国瑜认为木泰"不学而识先祖所制本方文字",木泰所识的是哥巴文。

李霖灿对此有不同看法,他说:"丽江木土司家谱的记载,在明代成化(一四七五)年间木泰的传记上说他,生性聪慧,不学而识先祖(指宋理宗时之麦琮)所制本方文字。依情理推测,不学而能识的文字,应该是指象形文字;因为音字是一种代表音值的符号,人再聪慧,亦无由无师自通。反之形字是一种图画文字,鸟兽鱼虫,依形可辨,假如我们这样想,木泰小土司自幼好在'多巴'[①]间厮混,因为'多巴'通悉经典,大都是讲故事的能手,小孩子爱听故事,这推测是近乎情理的,由此他对么些族的神话故事非常熟悉,有这个基础,当他看到形字经典上的图画文字时,他偶然便能猜得出其中的一些情节(要全通经典上的情节是不可能的),于是'多巴'们就来捧场,说这位小土司如

① 即东巴。

何聪明，不学而识本方文字，这就是他本人传记上‘不学而识先祖所制本方文字’的来由和真象。我们若再进一步作推测，在这时的记录上是‘不学而识本方文字’而不是‘本方某一种文字’，很近情理的表示那时还是只有一种文字。所以很有可能那时还全是形字的天下，这第二种文字的音字还没有发生。”[①]洛克在《中国西南古纳西王国》中也指出，阿琮所制本方文字是东巴象形文字。因此，目前我们认为，“本方文字”大概率是东巴文，而非哥巴文。

万历《云南通志·卷四·丽江府古迹》曰：“麦宗墨迹，在丽江府白沙西园崖上，是番字，难译其语。”又乾隆《丽江府志·古迹》曰：“番字岩，在府城西十八里芝山麓，石上有番字数行，墨迹如新，相传异人麦宗手书。”如果能够找到这处摩崖，问题便迎刃而解。史籍所载“白沙芝山之麓”，即为白沙村西解脱林（福国寺）所在的山下。方国瑜曾到白沙调查这处摩崖，但是已经见不到了。

但是还有一个问题，假若牟保阿琮发明了哥巴文，为什么之后并没有推广使用呢？造成哥巴文的使用范围还不如东巴文，似乎也并不合理。所以，我们很难确定阿琮发明的是哪一种文字。

2. 和文裕与哥巴文

李霖灿通过调查发现，哥巴文的发明者是清末丽江一个叫

① 李霖灿：《论么些族“音字”之发生与汉文之关系》，载《么些研究论文集》，台北故宫博物院，1984年，第53页。

 和文裕的东巴。他在《么些标音文字字典》中有所阐述：

我们由现在各方面的人证物证推断出音字的创始人是巨甸乡巴甸村的大“多巴”和文裕。不但在他晚年常住的地方找到了他写的音字经典，而且我曾亲自到巴甸村访问过他的家族，都证明出这件事实确切不错。更进一步知道了他为什么要创造这种音字：据说他在满清（按“满清”应为“清”）末年曾经考取了一份小功名。嫉妒他的人因为他是个“多巴”，便到主考官那里攻击他，说他是一个念“牛头马面”经书的人，不应该把这份功名给他。这指的是他会念么些象形文字的经典，在形字经典中牛是写个牛头……马是写个马头……所以，他们讥笑这种文字是“牛头马面”。这一种攻击的本身原不一定十分合理，因为汉文的“牛字马字”，也还不是应物象形的“牛字马字”，但这种攻击的力量却非常强大，竟把和文裕辛辛苦苦得来的功名革去，可以想见他是又气愤又难过，便下了决心，要雪“牛字马字”的耻辱，因此便在形字之外改创了这种音字。[①]

音字的创始人找到了，音字产生的时代也跟着可以大致明确。依理和文裕的去世并不是很久，应该可以明确他创造音字的正确年代，但是不幸和文裕没有儿子，又没有死在自己的故乡，也不知道他于哪一年开始创造这种音字。李霖灿曾在巴甸见到和文裕的一个亲侄子，当时是五十岁的样子，可以推测和

① 李霖灿：《么些象形文字字典·么些标音文字字典》，台湾文史哲出版社，1972年，第2页。

文裕的年龄不会超出他很多，加上懂得创造文字时至少已有了二十岁的年龄，于是，李霖灿因不得实证，姑且从宽地假定和文裕创造音字是近百年内的事，并认为这大概不会有很大的错误。

对此，美国学者洛克有不同看法，他在《纳西族的祭天仪式》中介绍：

李霖灿在《么些标音文字字典·序言》中说，哥巴文的发明者是巨甸乡巴甸村的东巴和文裕，19世纪末他在南山发明了哥巴文。这纯属无稽之谈。几乎所有在仪式中念诵的咒语书都是用哥巴文写成的。这些书都是藏语的音译。这些藏语音大多来源于梵语，因此它们无法被翻译出来，因此东巴在仪式上只能按照读音把它们一一读出。和文裕不是哥巴文的发明者，哥巴文文献早在明末就已经出现了。丽江城北15里处有个村子叫吉柴作，那里居住着一个东巴世家，他们的祖先叫东拉，可以追溯到明代，比和文裕早300年以上。东拉的经书很精美，其中有很多神名、鬼名周围标有哥巴文。在一本名为《求威灵》的经书的末尾用哥巴文书写了东拉家族的十三代世系。①

后来李霖灿放弃了之前的观点，但是他认为和文裕是哥巴文发展史上的重要人物。如果在他之前音字已经较发达，他就是哥巴文的集大成者；如果当时音字尚未产生，他可能就是“始作俑者”。李霖灿说道：

① Joseph F. Rock：THE MUAN BPö CEREMONY：OR THE SACRIFICE TO HEAVEN AS PRACTICED BY THE NA-KHI. Monumenta Serica，Vol. 13 (1948).

音字创始于和文裕的说法已不成立，但若说和文裕是和音字有极密切的关系的一个人，这大概没有什么问题。因为就我们所知，至少有两册全用音字写成的经典是由他手上写成的。我们有理由相信，在他以前音字只是形字经典中的“附庸”，在形字经典的字里行间补空添注或题名。从和文裕起，音字才有了独立的经典，显示出这一种文字已脱离形字的羁縻，由附庸蔚为大国，正式地和形字分庭抗礼成为么些族的第二种文字。①

关于和文裕，《人神之媒——东巴祭司面面观》中亦有介绍：

和文裕东巴，又记作和文玉，1853年生，卒年不详。塔城依陇巴甸村人，著名东巴东翁的长子。远祖“久知老”是明朝时期白沙的东巴大师。今巴甸村东巴后裔和学才曾调查过文裕东巴家的24代父子连名谱谍，从久知老东巴起，联名如下：阿普久知老—汝老本—阿普初—初本鲁—余牙若—余牙余萨若—余萨阿空若—阿空汝诺若—汝诺东初若—东初东呷若—东呷东定若—东定东阁若—东阁东苟若—东苟东那若—东那阿呷若—阿呷东主若—东主东空若—东空东禄若—东禄东本若—东本东萨若—东萨东诺若—东诺东金若—东金东福若—汝义勒。②

① 李霖灿：《论么些族“音字”之发生与汉文之关系》，载《么些研究论文集》，台北故宫博物院，1984年，第58页。

② 李国文：《人神之媒——东巴祭司面面观》，云南人民出版社，1993年，第204页。

3. 东巴什罗米午的弟子发明哥巴文

美国学者洛克认为，哥巴文是东巴什罗米午的弟子所创。他在《纳西语—英语百科辞典》中有所论述：

据说，纳西音节文字是由东巴教主东巴什罗米午的弟子哥巴发明的。东巴什罗米午就是藏族本教教主的sTon-pagSheng-rab(s)-mi-bo，藏文作སྟོན་པ་གཤེན་རབ་མི་བོ。^{2}Di-^{2}ds-^{2}ggǒ-^{1}baw的前两个音节源自汉语的“弟子”，中国古代孔子的学生都称作“弟子”。纳西人又把纳西音节文字叫^{2}gyi-^{1}aw ^{2}gko-^{2}zo ^{3}bbǔe ^{1}ts'u，意为源自^{2}gyi-^{1}aw的文字，^{2}gyi-^{1}aw是一个地名，藏语作rgya-sde，藏文作རྒྱ་སྡེ。那里是雏鹤起飞的地方。这种鹤在藏东北草原和青海省的沼泽地产下蛋后，飞往南方过冬，在丽江和永宁的湖泊周围可以看到它们。[①]

洛克前面的说法与方国瑜差别不大。后面提到哥巴文又称作^{2}gyi-^{1}aw ^{2}gko-^{2}zo ^{3}bbǔe ^{1}ts'u。^{2}gyi-^{1}aw为地名。《么些象形文字字典》(简称《么象》)中收录这个字：

《么象》497号 [dzʌ^{33}a^{11}]人种名或地名也。各处“多巴”多指之为印度人。北地一带旧历新年时有印度老丈之戏一人，

---

① Joseph F. Rock. A Na-khi-English Encyclopedic Dictionary, Part I, Serie Orientale Roma XXVIII. Rome: Instituto Italiano per il Medio ed Estremo Oriente, 1963.

头戴大帽，着奇异服装，与人歌谑，或取其大帽而作本字。其写法有 、 。各状皆变化其帽饰而成。东巴经中还讲到^{2}gyi-^{1}ɑw人的占卜方法。

《么象》498号 [dʑʌ^{33}ɑ^{11}dy^{11}tso^{55}lɑ^{33}ly^{11}]意为印度地方看“左拉”卦书。此指一种占卜方法，略近似看生辰八字之方法，依人之生辰看卦书而吉凶也。今么些多巴犹用此种卜法。有专门此项经典。左拉乃暂译四五两字之音。

哥巴文主要受到藏传佛教的影响，佛教的祖庭在印度。因此，这种说法也有一定的道理。

4. 我们的观点

哥巴文不是某个人发明的

就像汉字一样，早在先秦典籍中便有关于仓颉造字的传说，《史记》称仓颉乃黄帝时的史官。这一传说到汉代被发扬光大，比如汉代古籍记载仓颉“生而能书”，其造字时“天雨粟，鬼夜哭”（《淮南子·本经训》）。其实历史上有没有仓颉这个人并不是最重要的，即使历史上确实曾经有过这么一个人，他在汉字形成和发展史上的作用，充其量也就是对已经存在的原始文字进行过某种程度的系统整理。汉字的真正的创造者，是历代全体社会成员。《木氏宦谱》中阿琮制本方文字的记载就类似于仓颉造字的传说,其真实性不可考。对于哥巴文来说,不管是阿琮还是和文裕,他们都是在哥巴文的形成和发展史上有过贡献的人物。哥巴文的创造者还是历代全体东巴经师。

哥巴文字符产生于明代,哥巴文经书产生于清末

东巴经大约在宋代就已经出现。明代个别汉字(比如“上”)、藏文(比如ན)被借入东巴文经书,成为最早的一批哥巴文。后来通过汉字、藏文的借入和东巴文的简化等手段,哥巴文字符逐渐增多。哥巴文产生之初,只是东巴文的附庸,在东巴文的经典中加入一些哥巴文用以标记神、人、鬼等一些专有名词。清代出现了一些用哥巴文加注音的东巴文哥巴文混写本,增加了记录语言的密度。清末又出现了哥巴文一字一音记录东巴经的经典,但是数量十分有限。同时还出现了一些东巴文哥巴文对照的字书。

二、哥巴文的发现

1. 巴克首先发现哥巴文经书

1867年的一天,一个名叫德斯古丁斯的法国传教士在中国西南地区传教的时候,发现当地人有一种用象形文字写的书。他感到十分惊奇,于是抄录了11页,并把它们寄回自己在巴黎

的家。他并不知道这些像图画的文字表达的是什么内容,但是直觉告诉他,这些可能是一种已经消失的原始文字。

1876年,英国人吉尔在中国游历期间买到3部东巴经原本,于是他将其中一部捐给大英博物馆。当时他并不知道这些经书属于哪个民族。大英博物馆为这部经书撰写的说明文字是:"用于祭祀的象形文字的经书,收集于缅甸与中国之间山区。"时任大英博物馆馆员的拉克伯里被这部经书吸引,他很快就辨认出这是来自中国西南地区纳西族的东巴经。因为,此前他已经从德斯古丁斯处得到那11页东巴经摹本。拉克伯里又写信给德斯古丁斯,希望得到关于东巴经的更多消息。德斯古丁斯在回信中向拉克伯里透露了更多纳西族的相关情况。拉克伯里把这些写进《西藏及其周边文字的起源》一文。此时,他们发现的都是用象形文字书写的东巴经。

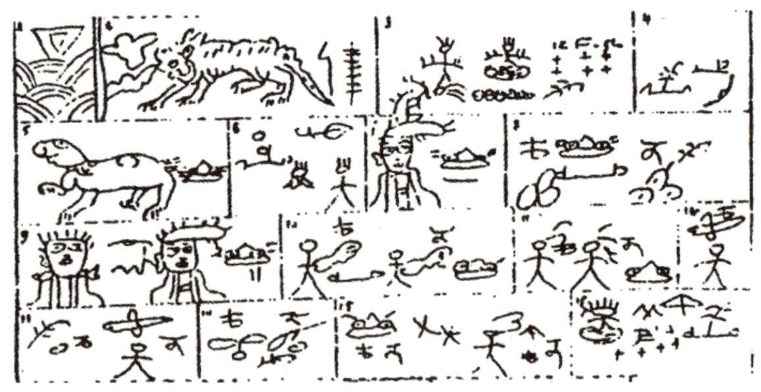

> 德斯古丁斯抄录的东巴经(局部)

> 吉尔收集的东巴经《高勒趣招魂经》(局部)

1907年,法国人巴克只身一人来到藏区考察,无意间发现了用象形文字书写的经书。他先到云南维西,后到丽江。1909年,巴克再次来到纳西族地区,这次他来到东巴教圣地白地,成为第一个到访白地的法国人。巴克在维西、丽江和白地三地一共收集到二十多册东巴经,其中包括两册纯粹用哥巴文抄写的东巴经。巴克在当地东巴的帮助下,翻译了几册东巴经。巴克在《么些研究》中首次提出,纳西族有两种文字,一种是象形文字,另一种是音节文字。因此,巴克是第一个发现哥巴文并翻译哥巴文文献的人。

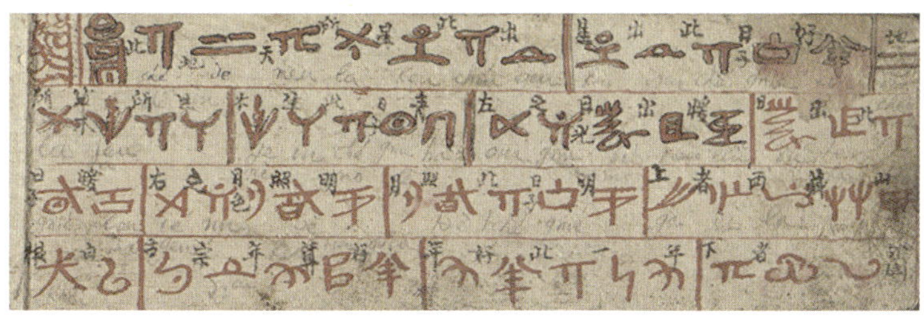

> 巴克收集的《燃灯经》(局部)

2. 方国瑜发现哥巴文版“罗塞塔石碑”

罗塞塔石碑（Rosetta Stone），高1.14米，宽0.73米，制作于公元前196年，上面刻有古埃及国王托勒密五世登基的诏书。石碑上用古希腊文字、古埃及文字和当时的通俗体文字刻了同样的内容，这使得近代的考古学家得以有机会对照各语言版本的内容后，解读出已经失传千余年的古埃及象形文字之意义与结构，为今日研究古埃及历史打下坚实基础。

> 罗塞塔石碑

罗塞塔石碑由上至下共刻有同一段诏书的三种语言版本，最上面是14行古埃及象形文字（又称为圣书体，代表献给神明的文字），句首和句尾都已缺失；中间是32行埃及草书（又称为世俗体，是当时埃及平民使用的文字），是一种埃及的纸莎草文书；再下面是54行古希腊文字（代表统治者的语言，这是因为当时的埃及已臣服于亚历山大帝国之下，统治者要求统治领地内所有的此类文书都需要添加古希腊文的译文），其中有一半行尾残缺。

目前为止，发现的最早的哥巴文字迹，是方国瑜于1934年在丽江上桥头（今金庄公路桥）路旁发现的摩岩，与罗塞塔石碑类似，它是用哥巴文、藏文和汉文合写的题铭浅刻。汉文共3行，题曰：“万历四十七己未年四月十四日吉月，吉日，有各其尾修。”这3种文字，行款相配，且周围有框，当是同时所作。疑“有各其尾”为人名，又称“修”者，盖修路时刻文纪念之作。

以下是方国瑜抄录的哥巴文：

这段哥巴文碑文共有16个字，方国瑜曾向几位东巴求教，经过反复推敲，只释读出8个字的音义，另外7个字只知其音，不明其义，最后余1个字音义皆不明。

已经释读出的文字有：

khɑ^{21}。gɑ^{33}。两字连读作皇帝。

tho^{33}。le^{33}。两字连读作兔子。

zɿ^{33}。ʂər^{21}。hɑ^{55}。i^{33}。四字连读作zɿ^{33} ʂər^{21} hɑ^{55} i^{33}“长寿有饭”。

只知其音，不明其义者，如ȵə，ho，tshe，tsy，dʑy，me，tsæ。

音义不明者，如。

1975年，和志武曾经实地寻访过这块摩岩，但是摩岩已被炸毁。和志武的记述如下：

一九七五年三月，我同李美林同志一起，到丽江金庄公社上桥头村（又叫中兴）调查访问。据当地干部和老人反映，在上

> 桥头村北流入金沙江的冲江河上，历史上就架有铁索桥（即古吊桥），解放后才改为公路大桥。在桥北二里许的路旁危岩上，确有刻字的地方，九十老人王恩豪说："我们叫喇嘛藏字处，亲眼看过，有藏字、汉字、纳西字我认不来。"一九五一年修公路，加宽路面，摩岩被炸，在附近寻找有字石片未获。①

也可能是方国瑜的摹写有问题，这些所谓的哥巴文跟现在我们看到的差异比较大。这个问题还值得进一步研究。

二、哥巴文的地域分布及外部特征

1. 地域分布

玉龙山北部的奉科、宝山、大具、鸣音及大东乡只有东巴文写本。丽江盆地及其附近地区，以及鲁甸、塔城等地区有东巴文写本、哥巴文写本和东巴文哥巴文混合写本三种类型。和力民说："格巴文主要流传于丽江县中部西部的龙山、七河、金山、黄山、白沙、拉市、太安、龙蟠、九河、石鼓、金庄、巨甸、鲁甸、塔城乡和维西县的永春、攀天阁等乡以及香格里拉县的金江、上江等乡，范围不似东巴文流传那样广。就丽江县范围来看，北

① 方国瑜编撰，和志武参订：《纳西象形文字谱》（3版），云南人民出版社，2005年，第53-54页。

部地区如大东、大具、鸣音、宝山、奉科等乡的纳西族没有使用格巴文，金沙江以东的宁蒗县翠玉、拉伯等乡的纳西族也没有使用格巴文，香格里拉县的三坝、洛吉等乡的纳西族也不使用格巴文，四川省木里县的俄亚、依吉等乡也没有使用格巴文。故格巴文可能是产生于丽江县的中部和西部地区。”①

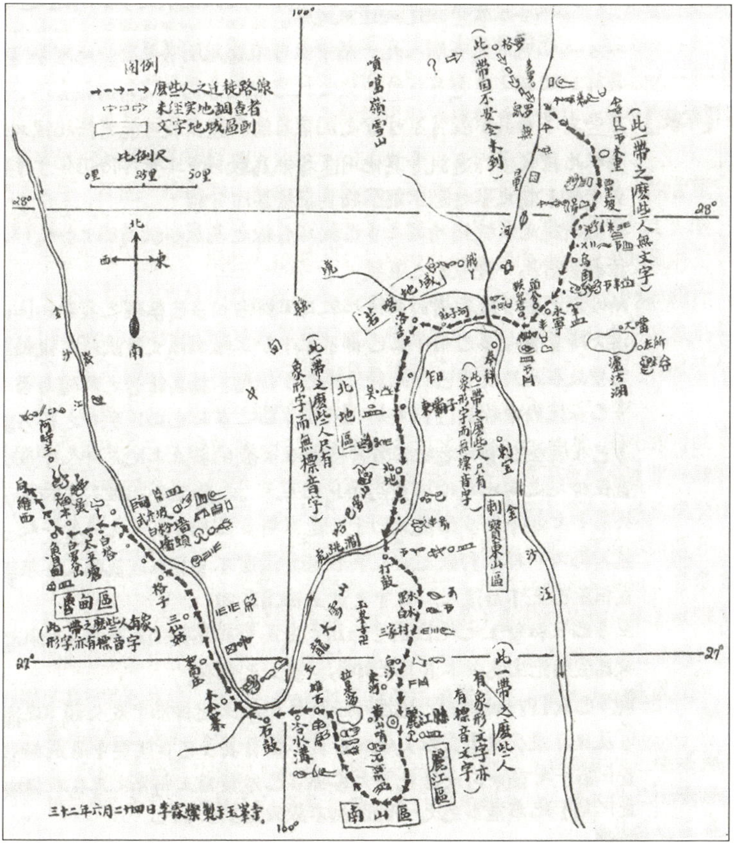

> 东巴文和哥巴文分布示意图（李霖灿制）

① 和力民：《田野里的东巴教文化》，民族出版社，2016年，第215页。

2. 哥巴文经书的数量

相比起东巴文经书，哥巴文经书少之又少，最为常见的还是东巴文哥巴文混合写本。据调查，哥巴文写本的数量在两百到三百册左右，而东巴文和东巴文哥巴文混合写本的数量在两万册以上。因此，纯粹的哥巴文经书的数量很少。李霖灿说，由他经手收集的么些经典，形字的在一千二百册以上，而音字的却只有九册，而这还是见一册收一册才得到这个数目。“在我收到的那九册音字经典中有一册份量最重，连封面共达七十八页，形字经典中我从来没有见过这么多的页数的，因为音字是音符，不能像图画文字留出空隙供人去猜谜缀句，只好行列整齐连续写来，把形字经典中的空隙全部填平，因此成了这么重的份量。所以形字经典字句组织上缺陷，意外的在音字经典上给补充完成，使字句组织有了划时代的进步。”[①] 和志武说：“关于标音文字写的经书，我们前后从丽江、维西收集到的共有十多本。据了解，丽江县文化馆收藏的较多，约有二百多本。”[②]

3. 外部特征

哥巴文经书指用哥巴文写成的东巴教经典，狭义的哥巴文经书是纯粹哥巴文写本，广义的哥巴文经书包括纯粹哥巴文写本和东巴文哥巴文混合写本。哥巴文经书属于东巴经的一部

---

① 李霖灿：《么些族文字的发生和演变》，载《么些研究论文集》，台北故宫博物院，1984年，第79页。

② 方国瑜编撰，和志武参订：《纳西象形文字谱》(3版)，云南人民出版社，2005年，第54页。

分，基本上承袭了东巴文经书的样式，但又有一些自身的特点。关于东巴文经书与哥巴文经书的区别，李霖灿曾说过：

> 音字经典的形式也是全部抄袭形字经典的。书本仍是贝叶装的狭长形式，在左边缝起来，读时仍是横行式的由左向右读，分段点句，开头结尾的符号，也是原封不动的抄袭形字经典的式样。写时也是用竹笔蘸松烟来写，也有使用汉人的毛笔的。格子分得比较狭小一点。封面常是仍用形字来标签，有时形字音字对照着来写，偶然也有纯用音字来写的。[①]

虽然哥巴文经书与一般的东巴文经书在形制上并没有区别，但是在经文的行列、经书的颜色上有一些独有的特征。

经文的行

东巴经一般每页分3行，也有4行的。因为哥巴文像汉字，按线性排列，一字一音连续写下来，不像东巴文图像有大有小，还要考虑空间布局，所以在狭长的贝叶经式的本子上可以划分更多行。哥巴文经书一般每页分4行、5行、6行，以6行为主。

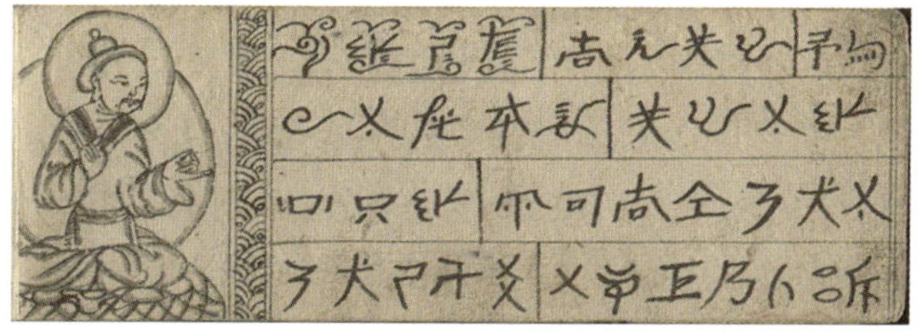

>4行

① 李霖灿：《么些象形文字字典·么些标音文字字典》，台湾文史哲出版社，1972年，第3页。

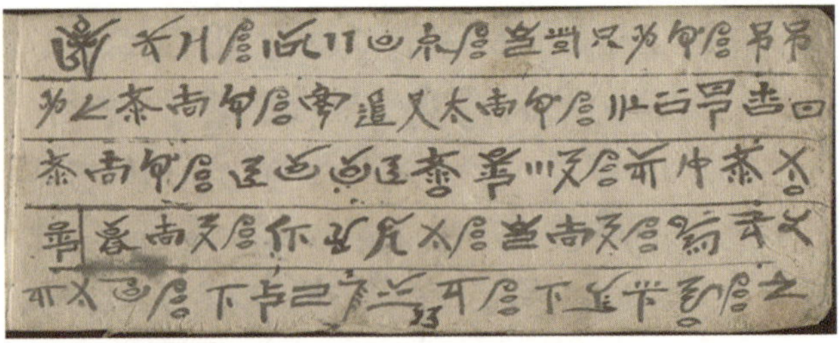

> 5行

> 6行

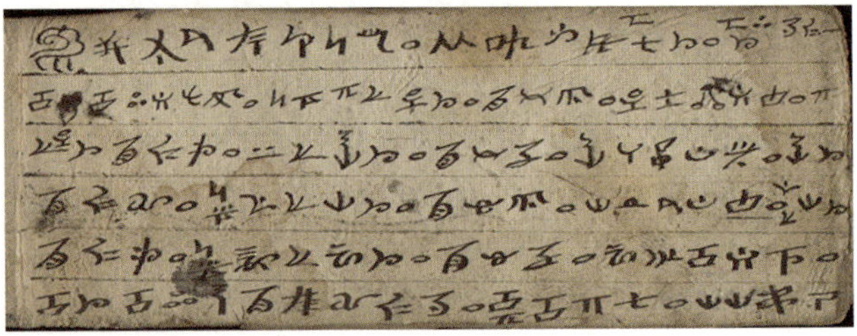

经书的颜色

哥巴文经一般在东巴纸上书写。新造出来的东巴纸是白色，在上面用松烟墨加胶水书写，白地黑字。另有一类哥巴文经书用红墨水在白纸上书写，白地红字。还有一种哥巴文经书用松烟加胶先把纸面涂黑，然后再用白粉书写，黑地白字，异常醒目。据说和泗泉东巴喜欢用这种样式。

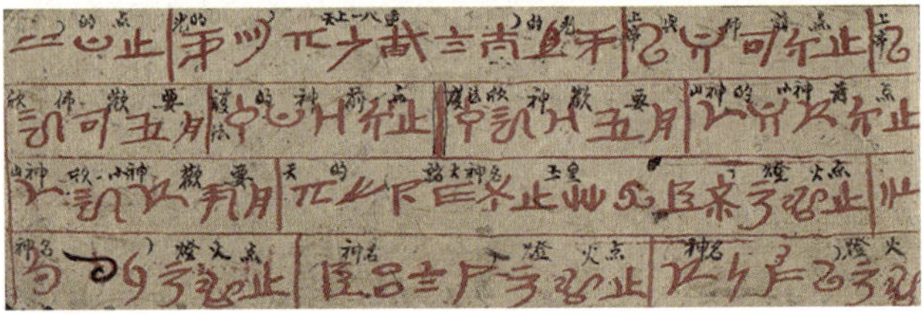

> 白地红字

> 黑地白字

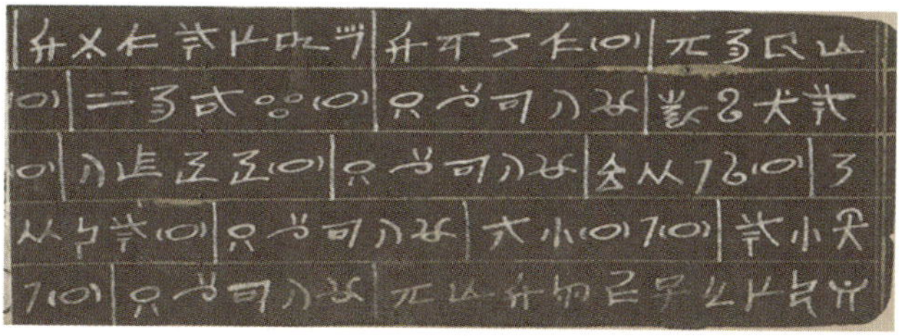

四、哥巴文文献的整理及译注

1. 国外学者对于哥巴文文献的整理及译注

1907年，法国人巴克首次收集到两册纯粹用哥巴文抄写的经书（《什罗忏悔经》和《燃灯经》）和一册用东巴文、哥巴文两种文字对照书写的经书（《学习哥巴文之书》）。

1908年，法国汉学家考狄在《么些》一文中首先刊布了哥巴文经书《燃灯经》的译文，译文只有3节。1913年，巴克在《么些研究》中刊布同一本《燃灯经》译本。译文也只有5页，分别是经书的第1、2、4、5、7页。

2. 国内学者对于哥巴文文献的整理及译注

国内学者中较早收集哥巴文文献的是李霖灿。1946年，李霖灿、张琨、和才用经书原文、国际音标记音、汉语译文、注释四对照的形式，编成了《么些经典译注六种》，此书于1957年在台湾出版，1978年又增订为《么些经典译注九种》。书中译注了1部哥巴文经书《么些族占卜起源的故事》，这是首次发表的哥巴文经书译本。

1986年，《纳西东巴古籍译注》(一)出版，收录哥巴文经书1部，即《迎请莫毕精如神》(卷首和卷中)。该经书后来经校订又被收入《纳西东巴古籍译注全集》(简称《全集》)中，载第80卷，题名《大祭风·迎请莫毕精如神·卷首》《大祭风·迎请莫毕精如神·卷中》。

1993年，傅懋勣译注的哥巴文经书《祭风经——迎请洛神》连载于《民族语文》，题名为《纳西族〈祭风经——迎请洛神〉研究》。这本译注是傅懋勣的遗稿，采用四对照方式翻译。

1994年，和志武翻译出版《东巴经典选译》。其中包括4部哥巴经：丽江黄山乡和学道东巴的写本《邦米致(燃灯经)》，黄山乡长水村和泗泉东巴的写本《汁在(求威灵)》《萨英威登飒(迎请萨英威登神)》，维西哥巴文经书《苏通苏贝山神龙王来历》。这些译本均只有汉文译文，没有哥巴文和国际音标。

1999—2000年，《纳西东巴古籍译注全集》出版，其中收录纯粹哥巴文经书4部，分别是《大祭风·迎请卢神》(第79卷)、《大祭风·超度董族的吊死者·卷首》(第86卷)、《大祭风·迎请莫毕精如神·卷首》(第80卷)、《大祭风·迎请莫毕精如神·卷中》(第80卷)；收录哥巴文较多的东巴文哥巴文混合书写的经书有3部，分别是《超荐·卢神起程·向神求威灵》(第55卷)、《大祭风·送神》(第91卷)、《大祭风·招回本丹神兵》(第88卷)。经书采用四对照的格式书写，由经书原文、音标、意译、附注四部分组成。

2006年，《求取占卜经》出版，这是一部对哥巴文经书进行释读并归纳哥巴文字汇的专著。哥巴文经书《求取占卜经》是丽江中和村大东巴和芳的写本。1953年，和即仁参考了李霖灿的《么些标音文字字典》、方国瑜的《纳西标音文字简谱》、和泗泉东巴写的《迎请精如神》（卷首和卷中）等字典和经书的译注翻译，最终整理出译注本。

2021年，李在其在《合符玉龙——李霖灿先生在丽江的岁月》中刊布了哥巴文经书《舞谱》的译本。翻译：李在其。校译、注释：王世英。该译本采用四对照方式进行释读。

五、哥巴文的特点

跟东巴文相比，哥巴文的特点主要表现在以下方面：

1. 字符笔画简单，符号性强，便于书写

东巴文象形性强，很多字符一眼便能看出其所象之形，而哥巴文的形体以点、线为主，符号抽象，大多数形体看不出其来源。下页图片中，经书中间的一条横线将书页分成两栏，每栏分上下两行，第一行是哥巴文，第二行是东巴文，两者同音，一一对应，对比鲜明。

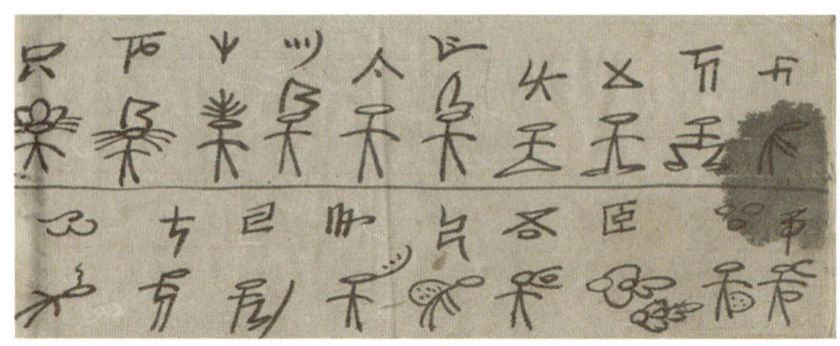

编号	哥巴文	东巴文	读音	意义
1-1			phv^{33}	祖父
1-2			dzʅ^{33}	祖母
1-3			sʅ^{33}	父亲
1-4			me^{33}	母亲
1-5			zo^{33}	儿子
1-6			mi^{55}	女儿
1-7			dzʅ^{21}	坐
1-8			hy^{55}	站
1-9			tsho^{33}	跳
1-10			bv^{21}	匍匐
2-1			i^{55}	睡
2-2			tɯ^{33}	起来
2-3			do^{33}	爬
2-4			lər^{21}	叫
2-5			gu^{33}	背
2-6			dzʅ^{33}	吃

续表

编号	哥巴文	东巴文	读音	意义
2-7			tsha^{55}	咬
2-8			gɯ^{33}	饱
2-9			zu^{21}	饿

2. 一字一音，逐词记录语言

东巴文可以读作单音节、双音节或多音节，而哥巴文每个字只读一个音节，跟汉字类似，可以逐词记录语言。

如，《纳西象形文字谱》(简称《谱》)570号字"zɿ˧ ʂər˨˩ ha˥ i˧，长寿也，从人从，表示延年。又作，从人(zɿ˧，草)声"。一个字可以读四个音节，但是哥巴文就要用四个字表示。如：

>《全集》62-314

上面这段经文选自《全集》62-314。其中，读作zɿ^{33}，读作ʂər^{21}，读作ha^{55}，读作i^{33}，四字连读作zɿ^{33}ʂər^{21}ha^{55}i^{33}。

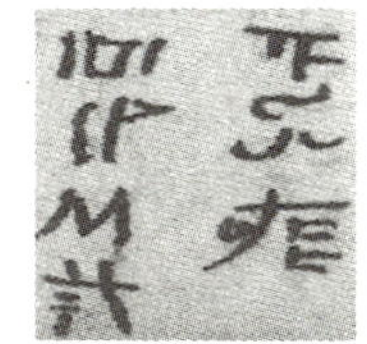

>《全集》61-262

右图经文选自《全集》61-262，其中读作zɿ^{33}，读作ʂər^{21}，读作ha^{55}，读作i^{33}，四字连读作zɿ^{33}ʂər^{21}ha^{55}i^{33}。

又如，下图是《除秽·白蝙蝠取经记》的第一节，大意是："很古的时候，所有迁徙下来的人都是从神山上搬迁来的；所有飞鸟都是从九阔坡飞来的；所有的水流都是从高山上流淌下来的；所有放牧的羊群都放牧在白头山牧场上；所有撒播的五谷都撒播在土质肥沃的坡地上；所有定居下来的人都居住在告增白石村。"经书中一共用15个东巴文记录了61个音节。这部经书有一个哥巴文版，题名叫《求取占卜经》。相同的内容，《除秽·白蝙蝠取经记》用了1节的篇幅，而《求取占卜经》用了1页。《求取占卜经》用61个哥巴文字符记录了全部的61个音节。如下图：

>《除秽·白蝙蝠取经记》第一节

>《求取占卜经》第一页

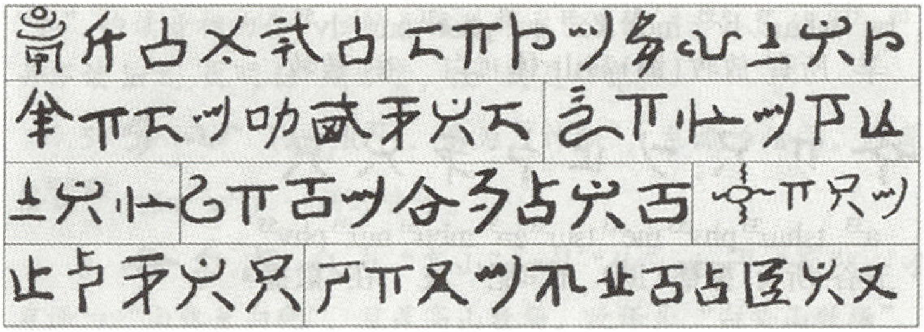

3. 文字呈线性排列

东巴文在文献中按照事理排列，字符的排列顺序不等于阅读顺序；哥巴文一般按线性排列，字符排列顺序就等于阅读顺序，接近于汉字。

在哥巴文文献中，大多数哥巴文横向排列，少数为纵向排列。如下面这页哥巴文经书，横向排列，从左向右读。

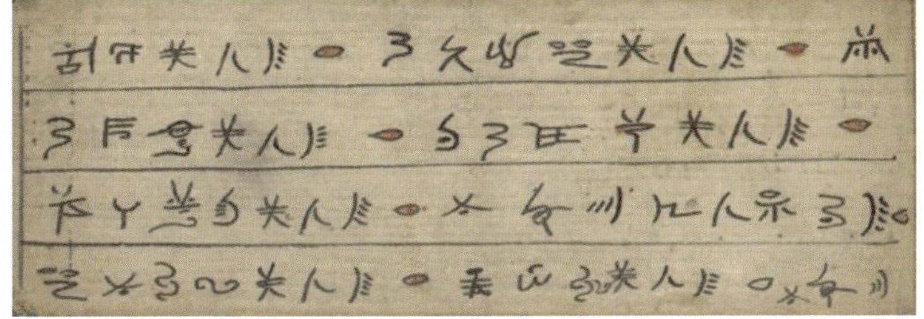

> 哥巴文经书，哈佛藏东巴经，编号M33

再如下面这页哥巴文，纵向排列，从上往下读。

① ② ③ ④ ⑤

> 哥巴文经书，哈佛藏东巴经，编号K45

4. 字符数大幅减少

一般来说，音节文字的字符数要远远少于表词文字。因为任何语言中词（甚至词素）的数量都要比音节的数量多许多倍。表词文字和词素文字的符号数以千计；在纯音节文字中基本符号的数量（不算合体符号）通常在35~40个（如婆罗米字母、佉卢字母、波斯–阿黑门尼德字母）到200多个（如埃塞俄比亚字母）之间。

从理论上来讲，哥巴文字符数也要比东巴文字符数少。而现有的3部哥巴文字典中，《纳西象形文字谱》中的《标音文字简谱》收录688字，《纳西语–英语百科辞典》（简称《辞典》）收录800字，《么些标音文字字典》（简称《么标》）收录2334字，似乎字符数依旧很庞大。原因是3部字典都收录了大量的异体字。我们以《纳西象形文字谱》为例，如果不区分声调，该书收录的纳西语词汇共有257个音节。如果一个音节用一个字符表示，257个字符足矣，但是《纳西象形文字谱》收录的东巴文有1340个（不含异体字）。由此可见，与东巴文相比，哥巴文的字符数大幅减少。

5. 舍弃了东巴文的原始表意手段

东巴文有很多原始文字的遗留，比如东巴文中比较典型的黑色字素现象，即将原有的字符涂黑表示消极意义。如：

（花）→（毒草）

（鞋）→（靴子）

（房子）→（牢狱）

但是在哥巴文中，字符涂黑不表意，比如 gɯ，也可以涂黑作 zɑ，但并不区别意义。和都读作 tʂu，也不区别意义。

第三编

哥巴文的字符

一、哥巴文字符的特点及生成模式

1. 哥巴文字符的特点

伊斯特林在《文字的历史》中阐述了古老音节文字的产生过程:“最古老的,基本上属音节文字体系的是在表词文字基础上产生的文字体系。在这些文字体系中,音节符号通常是从单音节意词字发展而来的。最初这些表词字用来表示同音词,从而变成为音词字;然后它们开始用来表示与其读音近似的多音节词的部分。……由于频繁使用,这些符号不再理解为词的实义符号,并且开始被理解为音节符号。”①

哥巴文虽然产生的时代比较晚,但从文字发展的角度来看,它属于一种古老的音节文字,是在表词文字(即东巴文)的基础上产生,人们通过直接借用、字符简化或变异等方式,把东巴字符变成哥巴字。然而哥巴文并不是一源的,它的直系亲属是东巴文,旁系亲属是汉字和藏文。此外,哥巴文还有一部分找不到造字理据的记号字。由于哥巴文字符的特点是符号性强,笔画简单,抽象程度高,有些字符很难看出其来源。

任何一种文字都是一个系统,由众多字符构成,哥巴文也不例外。我们把哥巴文的字符分成两个层次,一个是基本字符,另一个是派生字符。基本字符是构成哥巴文文字系统的基础。派生字符是由基本字符派生而来的。

① 伊斯特林:《文字的历史》,中国国际广播出版社,2018年,第154-155页。

2. 基本字符

从字符来源来看，哥巴文属于借源文字，基本字符一般借自东巴文、汉字、藏文。还有一些字符来源不明，有学者认为是自造字。

借自东巴文

哥巴文与东巴文的关系十分密切。第一，从创制者角度来说，东巴文和哥巴文的创制者都是纳西族的巫师。“哥巴”在纳西语中就有“弟子”的意思，“哥巴”是“东巴”的“徒弟”。所以，创制东巴文和哥巴文的是同一群人，只是时代不同，但是有师承关系。因此，在创始哥巴文时，首先要参照的是从师父那里学来的东巴文字符。第二，从记录语言的角度来说，它们记录的都是纳西语，书写的都是同样的内容。所以，哥巴文肯定会受到东巴文的影响。第三，从文献角度来说，有些东巴文经书中会掺杂大量的哥巴文，这些哥巴文大都对经文起到补充说明的作用。因此，有时候很难区分哪些是东巴文，哪些又是哥巴文。但是，如果人们想重新创制一套文字系统的话，首先要做的就是想方设法摆脱东巴文字形的束缚。

我们将借自东巴文的哥巴文字符分为6个小类。

(1)直接借用，即直接借用笔画简单的东巴文。如下：

借自(动物的胃)　借自(杯子)

借自(转经轮)　借自(肋骨)

借自（分开）　　借自（星星）

借自（打结）　　借自（蕨类植物）

借自（奶）

在东巴文与哥巴文混写的经书中，如果单独看某一个字符，有时很难区分它是东巴文还是哥巴文。但是如果这个字符出现在纯粹哥巴文书写的经书中，那么我们只能把它看作哥巴文。这种类型的哥巴文字符的数量并不多。为了与东巴文相区别，东巴在创制哥巴文的时候，大多数情况是参照、模仿或简化东巴文字符。

（2）截取式，即截取东巴文字符的部分形体。如下：

→、

→///

→

→

截取式是最常见也是最简便的字符生成方式，只需要将原有字形稍加改造，截取其中最为核心的表意部分即可。例如，本义为“摇手而来”，画以人形，手上下摆动，把人形省去，就变成，以此来代表与的读音 lu 相同的所有音节。这样就脱去了表意的成分，成为音节符。再如，本义为“争斗、打架”，画两个人持棍棒相向，截取其中的核心语义“争斗”，省去人形，变成，从此，就成为与同音的 æ 的音节符。

(3)变形东巴文字符,即通过旋转、简化等方式将东巴文字符变形。如下:

→(断,phɯ)

,本义为"线断",画一条线从中间断开。哥巴文将"断"旋转90°,然后将曲线拉直,变成。

→(拉,tæ)

,本义是"拉",画两个人相互拉扯。哥巴文把人形简化成两条直线,变成。

(4)复体变单体,即把东巴文字符本来重复的部分去掉。如下:

(雪)→、、、

象雪花之形,从表意字的角度来看,雪花不可能只有一片,便直接画三片。哥巴文不必表意,因此,简化为一片或者两片。

(眼睛)→

象人眼之形,哥巴文将原字去掉一只眼睛,再旋转90°,变成。如果不仔细推敲很难发现由演变而来。

(斑纹)→

象老虎身上的三条斑纹,哥巴文将曲线拉直,三条斑纹变成两条,最后变成。

(冰)→

象三根冰柱之形，哥巴文只取一个冰柱，并且把曲线拉直，最后变成。

(5)线条化、点化，即由三维透视图变二维平面图。有些东巴文字符富有立体感，在绘画上有透视的效果。那么到了哥巴文中就不需要追求这种惟妙惟肖的感觉了，因此，这些字被改造成一个纯二维符号。如下：

→、

本义为“起”，画一人形屈着两条腿准备起来的样子。哥巴文将两条腿改造成一条线，变成，十分简洁。

→

本义为“缠绕”，画一个用绳子缠绕的罐子，哥巴文直接将罐子简化成一条线，变成。

(6)繁化，除了简化之外，哥巴文还会有繁化的情况。如下：

十→、

十，本义是“十”，哥巴文将四周填上点，变成。需要说明的是，这种情况并不多见。

借自汉字

纳西族受汉族文化影响很深。李霖灿说过：“我们对么些音字的发生可以这样的推测：形字中借音的法则是一个走音字这条路线遥远的启迪,汉人文化的压力则是一个最大的原因。在明成化年间,音字尚没有出现的痕迹,降至明末清初,汉人文化压力增大,于乾隆年间的形字经典中我们已看到一个汉文的'上'字的渗入,很可能由此开辟了音字的道路。因为这个'上'字后来成为了音字中最常见的一个字。多巴们最好模仿争胜,当初说不定就是某一个多巴夸耀自己认识汉文,遂把'上'字移植在么些经典中,别的多巴起而效尤,你用'上',我用'下',他用'犬'(犬也是音字),音字就这样诱导发生了。在初起时给形字注音,后来填空,由帮忙打杂字数逐渐增多,最后写成了经典,像是先帮人家做短工,继而又帮长工,积蓄渐多,遂脱离主人而独立了门户。"[①]

哥巴文对汉字的借用主要有四种方式:借形义;借形音;只借形;形音义全借。

(1)借形义。如下:

丘→丘 tɕhy^{33}山丘。

犬→犬 khɯ^{33}狗。

(2)借形音。如下:

保→保 po^{33}宝物。

上→上 ʂə^{55}说。

(3)只借形。如下:

工→工 pu^{55}送。

① 李霖灿:《论么些族"音字"之发生与汉文之关系》,载《么些研究论文集》,台北故宫博物院,1984年,第79页。

(4)形音义全借。如下：

子→ tsɿ³³儿子。

借自藏文

除了汉文化之外，藏族文化同样对东巴文化产生过深刻的影响。东巴教圣地白地就处在藏区边缘，因此藏族苯教对东巴文化的形成起到重要的影响。表现在文字上，部分藏文字母被借入哥巴文。如下：

 ka³³好→ཀ ka

 na²¹难→ན na

借自宗教符号

东巴教与佛教关系密切，哥巴文中也借入了佛教的符号。比如：卍。《谱》1191号“卐 ɣɯ³³。好也，字源难解。又作、”。《纳西象形文字谱》中说该字字源难解。实际它就借自藏传佛教的卍字符，是最古老、最常见的象征符号之一。梵文作svastika，它的词根“sv-asti”，其意为“福祉”“好运”“成功”或“繁荣”。这正与东巴文卐的意思相合。这个字符在苯教和道教中都有，但可能都源自佛教。在西藏苯教中卍有“永生或不变”的意思。道教中卍被称为“万字符”，最初是道教永生的象征，代表世界万物。卐不仅进入东巴文的文字系统，同时也进入哥巴文的文字系统。《求取占卜经》中收录了卐字，意思是“好”。

目前，道教在东巴文化中留有痕迹，比如东巴经中掺杂了一些道教经典，有很多道教的影子。《全集》第15卷收录了一册名为《延寿仪式·送龙》的东巴经，它的前半本经书正是李霖灿所说的《五方五帝经》。经书的内容与汉族道教文献《太上洞玄灵宝五符序·灵宝五帝官将号》比较接近。同样，道教的符咒对于哥巴文的形成也产生过影响。

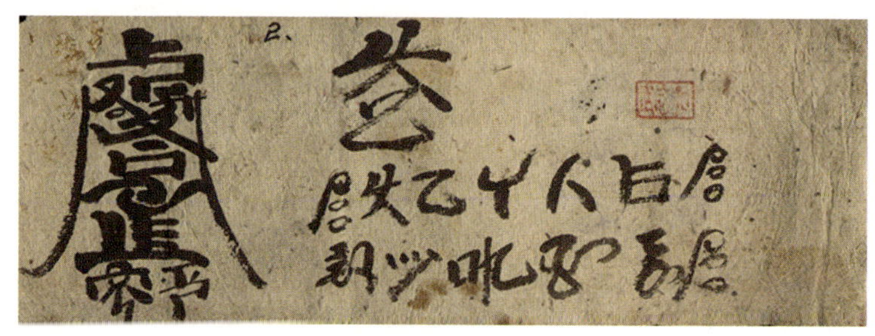

> 东巴经中封里用哥巴文画的道教符咒

例如，⚍（地）→少阴二。⚍与《周易》有关，这个符号表示少阴。在哥巴文中，⚍用来表示地，地属阴。因此，哥巴文借⚍作读音为dy的音节符号。同时女也可以作dy的音节符。女就是汉字“女”，也属阴，与⚍应该同源。东巴肯定没有读过《周易》，唯一的解释是从道教的符咒中找到的灵感。与之类似的还有两个：

⚊（du，阳神）→少阳

⚋（se，阴神）→少阴

⚊表示阳神，⚋表示阴神，它们在《周易》中分别表示少阳和少阴，正好阴阳相对。

未知字源

除了以上列举的几种类型之外，确实有些基本字符很难弄明白它的字源，或者证据不足，只能留以后再做探讨。如：

(lɑ^{33}，虎)

(hæ^{21}，金)

(ʂu^{21}，铁)

3. 派生字符

由于文字系统必须体现经济性，因此，一般文字在拥有一定量的基本字符之后，就会在基本字符的基础上派生出新字符。意音文字一般是以加注声符或者意符实现派生，而音节文字会通过孳乳、借用或者同源词等方式产生新字符。

孳乳

(1)加圈：

(金)→(黄)

(水)→(雨)→(泡沫)

(2)加点：

(虎)→(豹)→(十)

(3)加亻：

(ti)→(ty)

(khu)→(ku)

(4)调换文字方向：

(犏牛)→(牦牛)

(左)→(右)

(5)重叠：

(铁)→(铜)

借用

(ne)，本来是专门为“黑”[nɑ^{21}]造的字，后来又借给[ne]这个音节。

同源词或近义词

(go^{21}，臼齿)→(hɯ^{33}，牙齿)

(bi^{33}，日)→(n̩i^{33}，日)

(挤奶，tʂ̩huɑ^{21})→(no^{33}，畜乳)

二、哥巴文与东巴文的关系

哥巴文与东巴文的关系最为密切，但是又有区别。邓章应指出：“东巴文和哥巴文的关系不是生理学上鸡和蛋的突变关系，即不是一只意音文字的鸡，忽然生下一个音节文字的蛋来。

二者的关系,却是蚕与蛾的关系——在本质上,在制度上是一种抽丝剥茧的蜕变关系。但在字符借用、表达规则上,是不可以一刀两断的。世界上其他意音文字的发展道路也与此相似,古老的自源型文字并没有发展到纯粹表音阶段,苏美尔文字和圣书字直至因外族入侵而灭亡也都还是兼用表意和表音两种方式,汉字沿用到今天也一直没有拼音化。"[①]我们现在可以从很多哥巴文身上找到东巴文的影子,可见东巴文对哥巴文的影响之深。从字符来源来看,哥巴文主要采用直接借用笔画简单的东巴文和改造笔画复杂的东巴文两种方式完成对东巴文的借用。

1. 借东巴文形体

哥巴文会直接借用笔画比较简单的东巴文字符,这种方法比较简便易行。需要注意的是这些字与东巴文在字形上几乎没有差别,因此,在东巴文经书中,它就是东巴文;反之,在哥巴文经书中,它就是哥巴文。这部分字的数量并不多。

(1) [字符] phər^{21}解开,见《谱》1118号"[字符] phər^{21}。解(结)也,从线解开"。又《谱》1186号"[字符] phər^{21}。白也,从乳,(phər^{21}解)声;乳色为白也,又省作[字符]"。

(2) ▲ khuɑ^{21}坏,见《谱》1164号"▲ khuɑ^{21}。坏也,恶也,箭头省写"。

① 邓章应:《哥巴文文字系统的形成》,《汉字研究》(第6辑),2012年。

（3） phv^{33}雄，见《谱》349号“ phv^{33}。雄也，公也，象雄阴。又 、 ”。

（4） me^{33}雌，见《谱》350号“ me^{33}。雌也，母也，象雌阴”。

（5） i^{21}漏，见《谱》281号“ i^{21}。漏也，从蛋破流液。又作 ”。

（6） tʂhʅ^{33}悬挂，见《谱》1177号“ tʂhʅ^{33}。悬也，吊也，悬挂之貌”。

（7） ɣɯ^{33}好，见《谱》1191号“ ɣɯ^{33}。好也，字源难解。又作 、 ”。

（8） hu^{55}胃，改造自东巴文 ，见《谱》160号“ ho^{33}gv^{33}lo^{21}。北方也，从水省。又作 ”。

2. 减省或改造东巴文字形

减省或改造东巴文字形，是哥巴文字符的最重要来源。东巴在造哥巴文字符时，不可能直接吸纳太多的东巴文进入哥巴文的文字系统，因为这就在形式上无法与东巴文字符相区别，但是又要寻找一种方法可以迅速地造出大量的哥巴文字符，最为现实可行的方法就是对现有东巴文字符进行简化或改造。这样既可以使人们在视觉上将二者分开，又不至于造成新的记忆负担。李霖灿曾经举出52个由东巴文字符演变而来的哥巴文字符。我们此处举出87例。具体如下：

（1）bi^{33}（日），减省自东巴文，见《谱》2号“bi^{33}，又读作ȵi^{33}me^{33}或ȵi^{33}。日也。日体实有光也；时日之日同。亦作”，将的中间部分简化成一个点。

（2）lu^{33}（来），减省自东巴文，见《谱》584号“lu^{33}或lə^{21}，象人摇手而来。又读ly^{21}，作掰解，两手伸开为dɯ^{33}ly^{21}，一掰相当于五市尺”，将的人形省去，只剩下中间摇摆的双手。

（3）æ^{21}（斗），减省自东巴文，见《谱》688号“æ^{21}。斗也，从二人交杖相斗。又作，从二人执矛交杖。又作，从二人执矛相斗”，将中的两个人形省去，只剩下两根交叉的棍子。

（4）nɯ^{33}（心），减省自东巴文，见《谱》731号“nɯ^{33}又nv^{55}me^{33}。心也，象心旁有肺。又作”，将的外部省作半圆，内部省作一个圆点。

（5）、tɯ^{33}（起），减省自东巴文，见《谱》564号“tɯ^{33}又gə^{21}tɯ^{33}。起也，象人起”，将的人形省作一条线。

（6）ly^{33}（矛），减省自东巴文，见《谱》1071号“ly^{33}矛也。又作、、”，将中多余的装饰省去。

（7）、、fv^{33}（毛），减省自东巴文，见《谱》

340号“fv³³。毛也。又作、”，将三片雪花省成一片或两片。

（8） da²¹（织布），改造自东巴文，见《谱》613号“da²¹或ɣɯ³³da²¹。织也，从坐妇织布，又省作、”，将织布机进行改造，上部的三条线像纺线，主体是纺织机。

（9） sər³³（木），减省自东巴文，见《谱》172号“sər³³。木也，柴也，树倒成木柴。又作，从木块。又作”。将的树枝减省。

（10） ho²¹（肋骨），改造自东巴文，见《谱》746号“ho²¹。肋也，象肋骨。又作、”。对进行了重新改造。

（11） ba²¹（光线），减省自东巴文，见《谱》36号“ba²¹。光线也，从日光射。又作，向阳之处也，从日照岩”。将太阳减省成半圆，把五条光线减省成三条。

（12） li³³（法轮），改造自东巴文，见《谱》1255号“li³³又ma²¹li³³guə³³lər³³。法轮也。又作”。保留了的主体，将法轮两边的飘带与主体分开。

（13） 、 phər²¹（白），减省自东巴文，见《谱》1186号“phər²¹。白也，从乳，（phər²¹解）声；乳色为白也，又省作”。

截取了的下半部分。

(14) $zər^{21}$（压），减省自东巴文，见《谱》779号"$zər^{21}$又$nər^{55}$。压也，从足镇物。又作，从靴压鬼。又作，从石压蒿。又作"。把脚省去。

(15) $gæ^{21}$（夹），减省自东巴文，见《谱》788号"$gæ^{21}$。夹也，裁也，从钳夹物。又作"。将钳子所夹的东西省去，把钳子两边分开。

(16) 、 $tʂu^{21}$（针灸），改造自东巴文，见《谱》682号"$tʂu^{21}$。针（灸）也，从人扎针。又作，省人。又作，从针刺肝"。

(17) $pɯ^{55}$（断），改造自东巴文，见《谱》1114号"$phɯ^{55}$。断也，从绳断。又作"。

(18) lv^{55}（绕），改造自东巴文，见《谱》1115号"lv^{55}绕也，从线绕桅"。

(19) $pər^{55}$（斑纹），改造自东巴文，见《谱》339号"$pər^{55}$又$la^{33}pər^{55}$，虎纹也。象虎斑纹。又作"。

(20) $phæ^{33}$（栓），减省自东巴文，见《谱》1123号"$phæ^{33}$。拴也，牛拴于椿。又省作"。

(21) $miə^{21}$（眼睛），改造自东巴文，见《谱》711号"$ɳə^{21}$、$miə^{21}$又$miə^{21}ly^{33}$。目也，象张目。又作、"。

（22） tæ^{21}（拉），改造自东巴文，见《谱》689号“tæ^{21}。拉也，从二人拉物。又作、”。

（23） phy^{55}（吐），改造自东巴文，见《谱》769号“phy^{55}。吐也，从口吐物，反胃而吐。又作，从人”。

（24） ȵə^{21}（眼睛），改造自东巴文。

（25） ȵə^{21}（眼睛），改造自东巴文。

（26） do^{21}（见），改造自东巴文，见《谱》754号“do^{21}。见也，从目有所见。又作，从人。按：、二字常通用”。

（27） dʐ̧u^{21}（飞石），改造自东巴文，见《谱》1012号“dʐ̧u^{21}ʐ̧ər^{21}飞石柱也，从柱从飞石省”。

（28） mi^{33}（火），改造自东巴文，见《谱》143号“mi^{33}。火也，象火焰。又作、、”。

（29） tʂ̧ə^{21}（秧鸡），改造自东巴文，见《谱》325号“tʂ̧ə^{21}。秧鸡也，从鸟（tʂ̧ə^{21}哥巴字）声”。

（30） kæ^{21}（秋千），改造自东巴文，见《谱》1020号“kæ^{21}，tɕər^{33}lər^{21}。秋千也。又作”。

（31） 、 pi^{21}（胶），改造自东巴文，见《谱》971号“pi^{21}。胶也，象胶块。又作”。李静生认为，是的变体，[Dongba glyph]是[Dongba glyph]的变体。

（32）[Geba glyph]、[Geba glyph] by^{33}（分），改造自东巴文[Dongba glyph]，见《谱》1178号"by^{33}又du^{33}by^{33}。分也，物分开貌。又读tshʅ^{33}phi^{21}：[Dongba glyph]，phər^{21}nɑ^{55}tshʅ^{33}phi^{21}，分清是非（黑、白）也"。

（33）[Geba glyph] mɯ^{21}（下），改造自东巴文[Dongba glyph]，见《谱》164号"gə^{21}。上也，隆起在上。又高处也，读gə^{21}to^{55}"。[Geba glyph]将[Dongba glyph]（上）颠倒变为下。用颠倒字形表示相反的意思，在东巴文与哥巴文中很常见，比如[Dongba glyph]（出），将其颠倒后作[Dongba glyph]（不出）。

（34）[Geba glyph]、[Geba glyph] lər^{21}（叫），改造自东巴文[Dongba glyph]，见《谱》646号"lər^{21}。喊也，从人出喊声。又作[Dongba glyph]，从人省，口出喊声。又作[Dongba glyph]"。

（35）[Geba glyph] tɕhər^{33}（折），改造自东巴文[Dongba glyph]，见《谱》184号"[Dongba glyph] tɕhər^{33}折也，从树折"。

（36）[Geba glyph] my^{55}（推），改造自东巴文[Dongba glyph]，见《谱》692号"[Dongba glyph] my^{55}。推也，从一人推背负之人。又作[Dongba glyph]，从一人推老人而前"。

（37）[Geba glyph] næ^{33}（躲），减省自东巴文[Dongba glyph]，见《谱》587号"næ^{33}躲也，从人躲藏于山穴"。

（38）[Geba glyph] tho^{21}（靠），改造自东巴文[Dongba glyph]，见《谱》562号"tho^{21}靠也，从人坐，背有依靠"。

（39）[Geba glyph] khɑ^{33}（苦），改造自东巴文[Dongba glyph]，见《谱》772号

"khɑ^{33}苦也，有物出口外，亦示味苦"。

（40）he^{33}（耳），改造自东巴文，见《谱》710号"he^{33}又he^{33}tsɿ^{21}。耳也，从头省，硕耳在两旁"。

（41）du^{21}（善神），改造自东巴文，见《谱》1335号"du^{21}又mɯ^{33}lɯ^{55}du^{21}dzɿ^{21}。善神也，相传为人类之远祖也。字象神坐，唯头有别"。

（42）hɯ^{33}（牙），改造自东巴文，见《谱》715号"hɯ^{33}。齿也。又作、、"。

（43）hɯ^{33}（去），改造自东巴文，见《么象》613号"去啦之去。常指过去之动作。画一牙齿，以注其音，加一动线，以指行动之意"。

（44）go^{21}（臼齿），改造自东巴文，见《谱》716号"go^{21}。臼齿也。侧视之形"。

（45）sər^{55}（肝脏），改造自东巴文，见《谱》733号"sər^{55}。肝也，从肝（sər^{33}木）声。又作"。

（46）kɯ^{21}（星），改造自东巴文，见《谱》4号"kɯ^{21}。星也，散布于天。又作"。

（47）kɯ^{21}（胆），改造自东巴文，见《谱》734号"kɯ^{21}。胆也，示味苦。又作"。

（48）bv^{33}（肠），改造自东巴文，见《谱》738号"bv^{33}。肠也。又作、"。

(49)  tʂər⁵⁵(节),改造自东巴文,见《谱》744号"tʂər⁵⁵。节也,骨节也。又作"。

(50) dæ²¹(吃素木偶),改造自东巴文,见《谱》1216号"dæ²¹。吃素木偶,从三根木偶"。

(51) ɣɯ³³(宝物),改造自东巴文,见《谱》1244号"ɣɯ³³。宝物也。又作"。

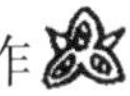

(52) gɯ²¹(落),改造自东巴文,见《谱》187号"gɯ²¹。落也,从树果实落地。又作"。此处省略了树之形。

(53) ko⁵⁵(粮架),改造自东巴文,见《谱》857号"ko⁵⁵。粮架也,立于场地。又作、"。

(54) fv³³(锯),改造自东巴文,见《谱》955号"fv³³。锯也。又作"。

(55)  bi²¹(飞),改造自东巴文,见《谱》271号"dzi³³又bi²¹。飞也,从鸟展翅而飞。又读dɑ²¹,翔也。又作"。

(56)  he³³(月),改造自东巴文,见《谱》3号"he³³。月也,月体有缺也;年月之月同。又作"。

(57) bi³³(尿),改造自东巴文,见《谱》678号"bi³³。溺也,从人立而溺。又作"。

(58) ʂu²¹(铁),改造自东巴文,见《谱》139号

“ʂu^{21}。铁也，象斧，其质铁，故为铁字。又作”。

（59） tse^{21}（争鬼），改造自东巴文，见《谱》1314号“tse^{21}。争鬼也，从人叉头”。

（60） ko^{55}（祭米），改造自东巴文，见《谱》1235号“ko^{55}。祭米也，从碗盛米（ko^{33}鹤）声”。

（61） tɑ^{55}（匣），改造自东巴文，见《谱》1030号“tɑ^{55}。匣也。又读gv^{33}，柜也”。

（62） kuə^{33}（棺），改造自东巴文，见《谱》596号“kuə^{33}。棺也。从人置棺中”。

（63） kv^{33}（蛋），改造自东巴文，见《谱》279号“kv^{33}。蛋也”。

（64） kə^{55}（老鹰），改造自东巴文，见《谱》328号“kə^{55} nɑ^{21}。恶老鹰，从鹰从黑”。

（65） kho^{33}（角），改造自东巴文，见《谱》343号“kho^{33}。角也。象兽角在头顶。又作、”。

（66） dər^{21}（泡沫），改造自东巴文，见《谱》120号“dər^{21}。泡沫也，从水起泡沫”。

（67） 、 di^{21}（蕨菜），改造自东巴文，见《谱》236号“ di^{21}蕨也，象嫩蕨。又作、、”。

（68） i^{21}（左），改造自东巴文，见《谱》167号“左也，从人伸左手”。

（69）uæ^{33}（右），改造自东巴文，见《谱》166号“右也，从人伸右手”。

（70）kv^{33}（头），改造自东巴文，见《谱》709号“kv^{33}。头也，象人头”。

（71）dze^{33}（小麦），改造自东巴文，见《谱》246号“dze^{33}。小麦也，其实有芒”。

（72）gɑ^{33}（胜利），改造自东巴文，见《谱》946号“kɑ^{33}le^{21}干粉皮也。又作”。

（73）tɕy^{21}（活扣），改造自东巴文，见《谱》870号“tɕy^{21}khɯ^{21}。捕猎之活扣。又作”。

（74）khə^{55}（篮），改造自东巴文，见《谱》870号“khə^{55}。篮也。又作、”。

（75）zə̧r^{21}（柱），改造自东巴文，见《谱》1011号“zə̧r^{21}又to^{55}zə̧r^{21}。柱也，从柱（zə̧r^{33}四，藏音）声”。

（76）tshe^{33}（盐），改造自东巴文，见《谱》133号“tshe^{33}。盐也，象盐块（tshe^{21}十）声”。

（77）tɕhi^{33}（刺），改造自东巴文，见《谱》181号“tɕhi^{33}。刺也。又作，从竹有刺”。与更为接近。

（78）dʐʅ^{21}（时间），改造自东巴文，见《谱》181号“dʐʅ^{21}。时也，日光照临，以日光移动定时也。又作”。

（79） dʐər^{33}（露），改造自东巴文，见《谱》15号“dʐər^{33}。露也。从雨从；摇动貌。露珠如雨，着草木摇摇欲坠。又作”。

（80） dʑy^{33}（蔓菁），减省自东巴文，见《谱》262号“dʑy^{33}又ə^{33}khɯ^{21}。蔓菁也，圆根有叶。又作、”。取蔓菁之头。

（81） le^{55}（茶叶），减省自东巴文，见《谱》939号“le^{55}。茶也，从茶盛碗”。取茶叶之形。

（82） tʂə^{21}（爪），改造自东巴文，见《谱》277号“tʂə^{21}爪也，又作、”。

（83） dʑi^{21}（水），改造自东巴文，见《谱》112号“dʑi^{21}。水也，象泉源出水。又作、、、”。

（84） pɑ^{33}（蛙），改造自东巴文，见《谱》439号“pɑ^{33}又pɑ^{33}tɕə^{33}。蛙也，象其头。又作、、”。

（85） ŋə^{21}（我），改造自东巴文，见《谱》553号“ŋə^{21}。我也，从人手自指。又作，从人（ŋə^{33}）声，系藏音”。另一个字形见于《求取占卜经》，即。

（86） sɑ^{55}（风），改造自东巴文，见《谱》25号“sɑ^{55}。从风从，即（口）省，口中出气也。又作、、”。

（87） pe^{33}（门闩），改造自东巴文，见《谱》1009号“pe^{33}。闩也。又作”。

三、哥巴文与汉字的关系

哥巴文吸收了不少汉字进入其文字系统，这同纳西族与汉族的历史关系，即纳西族较早接受汉文化是分不开的。《明史·土司传》记载：“云南诸土官知诗书，好礼守义，以丽江木氏为首。”木公有《雪山诗选》，木增有《雪迈淡墨》等诗文传世。明代著名文人张志淳、杨慎和著名旅行家徐霞客也曾和木氏土司有交往。清初“改土归流”后，丽江开始建书院、设义学，出现了进士、举人以至翰林等人才七十余人。清光绪年间设立丽江府中学堂、高等小学堂，出刊丽江府白话报和各种教科书。这也促进了汉文化在纳西族地区的传播。到解放时，丽江纳西族地区对汉文化的接受已经相当普遍和广泛，不仅口语中借用了大量的汉语词汇，而且在只被巫师们掌握使用的哥巴文中，也同样借用了大量的汉字。甚至出现了东巴文、哥巴文与汉字对照的《三字经》，以及用东巴文、哥巴文记录的汉语经典《五方五帝经》。

哥巴文借用汉字包括两个层面：一个是借用汉字整字，另一个是借用部分汉字形体。

1. 对汉字整字的借用

关于对汉字整字的借用，喻遂生指出，哥巴文字符借用汉字应该遵循音读和训读的原则。所谓“音读”，是指一种语言

（或方言）借用另一种语言（或方言）的文字符号后，按照被借字符原来的读音来读，而不考虑被借字符原来的意义。所谓“训读”，是指按照被借字符原来的意义，用借入语言（或方言）相应的词语来读音，而不考虑其被借字符原来的读音。[①]我们知道，文字由形、音、义三部分组成。不同语言的文字之间的借用有四种情况：（1）借形和义，即训读字；（2）借形和音，即音读字；（3）只借形；（4）形、音、义全借。第四种情况是指用哥巴文记录汉语借词。

下面我们对借自汉字的哥巴文从形、音、义及文献用例等方面加以分析，使用的哥巴文文献分别是《么些经典译注九种·么些族占卜起源的故事》《求取占卜经》和《全集》中的《大祭风·迎请卢神》《大祭风·超度董族的吊死者》《大祭风·超度死者·卢神启程，向神求威力》。

训读字

（1）开 pɯ^{33}（开），此字见于《谱·标音文字简谱》，亦见于《么标》和《辞典》。常用义为“来历、开始”。与汉字“开”的形、义相合。

（2）小 nv^{33}（心），此字见于《谱·标音文字简谱》。小与汉字竖心旁“忄”相同，同时也可以表示“心”的意思。

（3）了 se^{21}（了），此字见于《谱·标音文字简谱》。了与汉字“了”字形相似，都可以做表示完结的助词。

① 喻遂生：《关于哥巴文字源考证的几点看法》，《纳西东巴文研究丛稿》（第二辑），成都：巴蜀书社，2008年，第109页。

(4) 犬 khɯ^{33}(犬),此字见于《谱·标音文字简谱》。《辞典》作犬。《么标》作犬。在文献中,犬除了做标音符外,常用义是“狗”。犬与汉字“犬”字形一致,所以,我们认为,犬是汉字“犬”的训读字。

(5) 石 lv^{33}(石),此字见于《谱·标音文字简谱》。《辞典》作石。《么标》未收该字形。在文献中,石除了标音之外,最常表示的意义是“石”。从字形上看,石与汉字“石”相似。

(6) 占 phər^{21}(占),此字见于《谱·标音文字简谱》。占与汉字“占”字形相近,汉字“占”有“占卜”义。占又常可以读作phɑ^{21}巫师。可能最初借汉字“占”表示巫师。

(7) 千 tv^{21}(千),此字见于《谱·标音文字简谱》,还有另外一个字形千。《辞典》作千。《么标》没收这个字形。在文献中千除了做标音符之外,常用义是“千”。文献中的字形更多变,如,千、千、千等。

(8) 木 bi^{33}(木),此字见于《谱·标音文字简谱》。木与汉字“木”词义相同,表示“树林”的意义。

(9) 雪 be^{33}(雪),此字见于《谱·标音文字简谱》。雪与汉字“雪”字形相近,词义相同。

(10) 中 ly^{33}(中),此字见于《谱·标音文字简谱》。中与汉字“中”字形相近,词义相同。

(11) 合 ɑ^{11}(合),此字见于《么标》。《谱·标音文字简谱》作合。合与汉字“合”字形相近,都有“聚合”之意。合是合的变体。

还有一些疑似借汉字的哥巴文，似乎既可以看作汉字的训读字，又可以看作东巴文的变体。具体如下：

（1） dʐy²¹（山），此字见于《谱·标音文字简谱》。《辞典》作 。《么标》作 。方国瑜认为该字借自汉字“山”，但从字形上看， 与“山”的相似度不高，反而与东巴文的 （《谱》）、 （《辞典》）更接近。在文献中， 绝大多数时候都表“山”义，但“山”义除了用 表示之外，还可以用 和 两个字形。

（2） mi³³（火），此字形《谱·标音文字简谱》未收，与之类似的字形是 。《辞典》作 。《么标》作 。在目前刊布的哥巴文文献中也没有发现与之类似的字形。 与汉字“火”字形相近。李静生说：“东巴象形文作 或作 象火焰之形，哥巴文 、 均为此东巴象形文之省体。字符有意。”

（3） mɯ³³（天），此字见于《谱·标音文字简谱》。《辞典》作 。《么标》作 。 与现代汉字“天”的差距有点大。有学者认为它与汉古文字 类似，但是两者差距比较大。 在文献中最常表示的意义为“天”。我们认为 是东巴文 （天）的一个变体。李静生也认为这个字与汉字“天”无关。

（4） hər³³（风），此字见于《谱·标音文字简谱》。《辞典》 。《么标》作 。 在文献中的常用义为“风”。 与汉字“风”差距较大。 还有一个异体 ，与东巴文 （风）更接近。所以，我们认为它可能是 的变形。

（5） mæ^{33}（尾），此字见于《谱·标音文字简谱》。《辞典》作。《么标》作。在文献中最常表示的意义是“尾”。在文献中还有一些变体，例如、，很像汉字“已”加了两点。这些字形跟汉字“尾”差别很大。东巴文（尾巴）倒跟有些类似。李静生也认为这个字与汉字“尾”无关。

（6） ʐɑ^{33}（马），此字见于《谱·标音文字简谱》，类似的字形有、。《辞典》作。《么标》作。在文献中除了做标音符之外，常用义是“马”。异体有、。从字形上看，与汉字“马”相去甚远。

（7） ɣɯ^{33}（牛），此字见于《谱·标音文字简谱》，还有异体、。《辞典》作、。《么标》作、。在文献中除了做标音符之外，最常表示的意义是“牛”。从字形上看，与汉字“牛”差距较大，有可能是宗教符号（ɣɯ^{33}好）的变体。

（8） dzi^{21}（飞），此字见于《谱·标音文字简谱》。《辞典》和《么标》都没有收录这个字形。在《大祭风·超度董族的吊死者》中出现1例，，意思是“飞”。《大祭风·迎请卢神》也有1例，，意思也是“飞”。说明该字应用不广。

（9） kæ^{33}（介），此字见于《谱·标音文字简谱》，还有另外相似的字形是、。《辞典》作。《么标》作。在文献中除了做标音符之外，常用义是“秋千”。从字形上看，与汉字“介”相近，但意思上很难联系起来，所以，我们认为，应该是东巴文（秋千）的变体。

（10）ȵə^{21}（目），此字见于《谱·标音文字简谱》。《辞典》未收该字形。《么标》作。在文献中除了做标音符之外，最常表示的意义是“眼睛”。从字形上看，与汉字“目”相似，但是在《谱·标音文字简谱》中还有一个字形（thv）与“目”相似。也可能是将东巴文（眼睛）竖起来写的变形。《么些族占卜的故事》有这样的写法：。

（11）pər^{55}（写），此字见于《谱·标音文字简谱》。与汉字“写”字形相近，词义相同。但是还有一种可能，也有可能是由东巴文（pər^{55}梳子）简化而来。

音读字

（1）po^{33}（保），此字见于《谱·标音文字简谱》。《辞典》作。《么标》作。在目前刊布的哥巴文文献中没有出现的用例，但三书皆收录该字，说明它比较常见。与汉字“保”相似，读音和意义与“宝”相通。我们认为，借用了汉字的“保”字，表示“宝物”的意义。

（2）tɕhy^{33}（丘），此字见于《谱·标音文字简谱》。《辞典》作。《么标》作。在文献中除了做标音符之外，常用义为“种族”。的形、音皆与汉字“丘”相近。此时是音读字。还可以读作bu^{33}，表示“山坡”之义。此时是训读字。因此，读作tɕhy^{33}是音读，读作bu^{33}是训读。

(3) tʂʅ^{33}(止),此字见于《谱·标音文字简谱》。《辞典》作 。《么标》作。在文献中除了做标音符之外,常用义是“土”。的形、音与汉字“止”相似,意思与纳西语“趾”相通。

(4) tshɑ^{55}(臣),此字收录在和泗泉编撰的《东巴文与哥巴文字汇》中。《谱·标音文字简谱》《辞典》和《么标》都没有收录该字形。与汉字“臣”同形,且读音相近,表示“咬”的意义。

(5) dæ^{33}(太),此字见于《谱·标音文字简谱》,《辞典》和《么标》没有收录该字形。在《大祭风·迎请卢神》中有1例,,做标音符。在《么些族占卜的故事》中又有4例,,也用作标音符。从读音和字形来看,确实是与汉字“太”相似,但是《辞典》和《么标》都没有收录该字形。我们认为,可能会存在借用汉字“太”的情况,但是这个字形不占主流。

(6) ʂər^{55}(上),此字见于《谱·标音文字简谱》。《辞典》没收录该字形。《么标》作、、。在文献中除了做标音符之外,最常表示的意义是“说”。从读音和字形上看,与汉字“上”相近。该字是借自汉字,用来表示“说”这个意义。

(7) dʐə^{21}(加),此字见于《谱·标音文字简谱》。《辞典》作 。《么标》作。在文献中除了做标音符之外,最常表示的意义是“跑”“秤砣”。从字形上看,与汉字“加”的字形和读音都相近。

(8) tsʅ^{33}(主),此字见于《辞典》。《么标》作。《谱·标音文字简谱》中未收录。字形和读音上，主跟汉字“主”相近。

(9) 丹 dɑ²¹(丹)，此字见于《谱·标音文字简谱》。丹与汉字“丹”字形相近，读音相同。在文献中，经常表示“镰刀”。

(10) 下 çə²⁴(下)，此字见于《谱·标音文字简谱》。下与汉字“下”读音和字形相近。在文献中，常用义为“休息”。

(11) 宋 ʂur⁵⁵(宋)，此字见于《么标》。宋与汉字“宋”字形和读音相近，可做标音符。

(12) 而 ər³³(而)，此字见于《么标》。而与汉字“而”字形和读音相近，意思是“铜”。

(13) 五 u³³(五)，此字见于《么标》。五与汉字“五”字形和读音相近，意思是“自己”。

(14) 王 u³³(王)，此字见于《么标》。《谱·标音文字简谱》作[illegible]。王与汉字“王”字形和读音相近，可以表示“自己”“骨头”。

还有些疑似音读字，如下：

(1) 合 ko²¹(各)，此字见于《谱·标音文字简谱》。《辞典》作合。《么标》作合。在文献中常用义为“高原”。从字形上看，合或合与汉字“合”相近，从读音上来看，与汉字“各”相近。因此，很难判断它是不是借自汉字“各”。

(2) 口 kho³³(口)，此字见于《谱·标音文字简谱》。《辞典》作口。《么标》作口。在文献中口除了标音之外，最常表示的意义是“门”“嘴(人或动物)”。在字形上，口与汉字“口”接近，但是该字与东巴文[illegible](门)也接近，很难说它只是借用了汉字。

判断一个哥巴文字符是音读字还是训读字，有两个难点：

第一，字形差异较大。我们判断一个字是否借用了汉字，先看字形是否相近，如果字形相差比较大，那肯定不属于汉字借用。但是这个标准也不尽然。因为东巴的汉文水平有限，再加上哥巴文文献都是手写体，很有可能把汉字写得与原字差距很大，给我们的判断增加了难度。

第二，表面看起来训读和音读的原则很有说服力，但是在实际操作中还是会遇到困难。在判断一个字是否是借字的时候，我们一般先从字形入手，发现此字形与其他文字中的某个字接近，然后再从字义和字音上找证据。如果字音相同，字义没有联系，我们就认为是音读；如果字义相同，字音没有联系，我们就认为是训读。例如，从字形上看，很像汉字的“写”，这个字读作^{3}bběr，显然读音与汉字的“写”没有联系，所以不是音读。但是这个字常用来表示“书写”的意思，所以判断其为训读。可仔细看的字形与“写”有差距。在《辞典》中附在（梳子）之后，我们认为也极有可能是由（梳子）简化而来的。所以，对文字的溯源不是简单的比附就可以得出正确的结论的，除了文字和语言之外，还需要更多的证据来证明。

只借汉字形体

(1) dy^{21}（女），此字见于《谱·标音文字简谱》。与汉字“女”字形相同，但音、义不同。汉文化中“地”属阴，阴通女。因此，虽然从词义上，与“女”没有直接关系，但是有间接关系。

(2) 工 pu^{55}(工),此字见于《谱·标音文字简谱》。在《大祭风·超度董族的吊死者》中,工用作“带(动词)”之义。

(3) 斤 sæ^{33}(斤),此字见于《谱·标音文字简谱》。在《大祭风·迎请卢神》中,斤用作“血”之义。

(4) 五 bæ^{21}(五),此字见于《谱·标音文字简谱》。在和泗泉编撰的《东巴文与哥巴文字汇》中,五对应[东巴文](bæ^{21}扫谷板)。

(5) 可 dzər^{21}(可),此字见于《谱·标音文字简谱》。在《大祭风·超度董族的吊死者》中,可用作“惊吓”之义。在《大祭风·迎请卢神》中,可用作“威力”之义。

(6) 七 huɑ^{33}(七),此字见于《谱·标音文字简谱》。在《大祭风·超度董族的吊死者》中,七用作“群”“麦锈病”之义。

(7) 升 ə^{33}(升),此字见于《谱·标音文字简谱》。在《大祭风·超度董族的吊死者》中,升用作“啊,人发出的第一个声音”之义。

(8) 甲 to^{33}(甲),此字见于《谱·标音文字简谱》。在《么些族占卜起源的故事》中,甲用作“上”“山坡”等义。

(9) 示 khv^{55}(示),此字见于《谱·标音文字简谱》。在《大祭风·超度董族的吊死者》中,示用作“年”之意。

(10) 巨 dv^{21}(巨),此字见于《谱·标音文字简谱》。在《大祭风·超度董族的吊死者》中，用作“毒鬼”之义。

疑似借汉字字形的哥巴文，如：

zæ^{21}（而），此字见于《谱·标音文字简谱》。《么标》作（ər^{33}）。《么些经典译注九种·么些族占卜起源的故事》（以下简称《么些族占卜起源的故事》）和《求取占卜经》中作，读作ʐæ^{33}，意思是“笑”。可见，应该是的变形，与汉字“而”没有关系。

形、音、义全借

（1）siæ^{33}（先），此字见于《和芳致和志武的信》[①]。与汉字“先”字形相近，作“先生”的第一个音节。

（2）ve^{21}（文），此字见于《和芳致和志武的信》。与汉字“文”字形相近，作“文化”的“文”。

（3）tsɿ^{33}（子），此字见于《谱·标音文字简谱》。《辞典》作，并说明该字仅做标音符使用，借自汉语的“子”。《么标》作。在东巴文版《三字经》中，使用该字表示“子不学”中的“子”。

2. 对部分汉字形体的借用

对部分汉字形体的借用，主要是借用汉字的偏旁部首或者截取汉字的一部分。主要有以下几个：

（1）tçə^{33}（经），此字见于《谱·标音文字简谱》。取汉

① 方国瑜编撰，和志武参订：《纳西象形文字谱》（3版），云南人民出版社，2005年，第587页。

字“经”的右半部分。字音与“经”相同，在文献中表示“经书”义。

(2) nɑ^{21}(黑)，此字见于《谱·标音文字简谱》。取汉字“黑”的上半部分。与汉字“黑”意思相同。

(3) tʂhuɑ^{33}(米)，此字见于《谱·标音文字简谱》。取汉字“米”的上半部分。与汉字“米”意思相同。

(4) le^{55}(茶)，此字见于《谱·标音文字简谱》。取汉字“茶”的下半部分。与汉字“茶”意思相同。

(5) di^{21}(虫)，此字见于《谱》。是汉字“虫”的变形，表示汉字“虫”的意思。方国瑜认为，这个字是哥巴文中的独创字。

(6) y^{21}(羊)，此字见于《谱·标音文字简谱》。取汉字“羊”的上半部分，表示“羊”的意思。

四、哥巴文与藏文的关系

纳西东巴文化与藏文化关系紧密。东巴经中《人类迁徙记》说：“藏族、纳西族和白族是一母所生之三弟兄，藏族是老大，住在拉萨白山脚。纳西是老二，住在中央之地。白族是老三，住在牧羊路之尾。”东巴经《挽歌》记载：“拉萨白山脚，藏族死尊者，死在土宅旁；藏族儿女们，氆氇搭肩上，宰白脚牦毛，杀

牛不心疼，父死最痛心。”东巴经《虎的来历》崇虎祭贤，后人要向贤者（死者）求福泽，其中谈到藏族，说：“一块斑斓之虎皮，赐给丽恩儿子三弟兄：大儿藏族也能干，骑着骏马疾如飞，驰遍茫茫大草原，贤能之名从此传。”

东巴经中有专门用藏语念的书，已知的有7种：《星根统昌》（什罗忏悔经）、《窝姆达根》（什罗燃灯经）、《什罗张此》（什罗咒语）、《许忍老姆萨·报巴舞》（迎五方东巴夫人·跳花舞）、《金中次》（建木幡经）、《当使部》（念喇嘛经）、《喇嘛此布》（送喇嘛鬼经）等。这些经书都是东巴用纳西文记录的藏语经咒。

东巴经里也出现了全部用藏文或梵文书写的经典。如哈佛燕京图书馆藏东巴经中就有一本用梵文书写的东巴经。

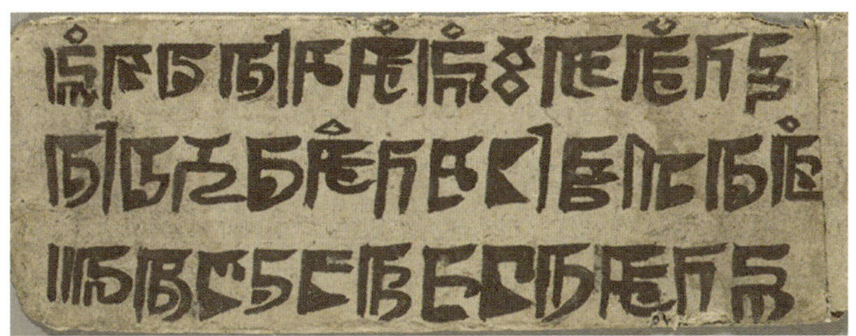

> 梵文经书，哈佛燕京图书馆藏，编号M22

藏文的历史比较悠久，起源于苯教古文字。吐蕃时期在苯教古文字的基础上参照印度巴达文创制了今天仍在使用的藏文。7世纪以来使用的藏文是拼音文字，由30个辅音字母和4个元音符号组成。30个辅音字母可自成音节，不带元音单独拼读时都要加元音a。藏文的音节，可由单字母构成，也可以由几个字母叠加构成。

藏文跟纳西文的渊源很深，纳西文中有很多藏文的借词。《辞典》中有多处标注“此音借自藏语”。

从文字上来看，藏文被借入哥巴文中的字符包括两个层次：一个是借自藏文辅音字母；另一个是借自藏文元音符号。

1. 借自藏文辅音字母

藏文辅音字母有30个，直接被借入哥巴文的有ཀ、ན、ཨ等。这些藏文辅音字母不仅出现在纯粹哥巴文的经书中，还出现在纯粹东巴文和东巴文哥巴文混合书写的经书中，所以，我们也可以说，藏文辅音字母既被借入东巴文中，又被借入哥巴文中。具体如下：

（1） kɑ³³（好），见于《谱》1163号“ kɑ³³。好也，善也，借藏文ཀ，又作”。

（2） nɑ²¹（难），见于《谱》1187号“ nɑ²¹。黑也，借藏文ན”。

（3） o³³，见于《谱》1299号“i³³gv²¹o³³kə²¹。神名，‘依古窝格’。字借藏文ཨ”。《辞典》：“²o，纳西至高神。”

（4） tshæ³³（册），见于《谱·标音文字简谱》。借自藏文辅音字母ཚ tɕia。

（5） ŋə²¹，见于《谱·标音文字简谱》。借自藏文辅音字母ན nɑ。

(6) mə[33](不),见于《谱·标音文字简谱》。借自藏文辅音字母 tɕia。

(7) kɑ[33](好),见于《谱·标音文字简谱》。借自藏文辅音字母 kɑ。

2. 借自藏文元音符号

藏文中有[i]、[u]、[o]和[e]四个元音符号。元音符号不能单用,只能加在辅音字母的上方或下方搭配使用。元音i和e在辅音字母的上方,起笔在头笔上方靠前,落笔在头笔末端靠右。元音u在辅音字母右下角。元音o在辅音字母正上方。哥巴文加元音符号也遵守这个规则。木仕华指出,哥巴文除了从藏文借入辅音字母外,还借用了相应的元音符号[i]、[u]、[o],表示[e]的极少用。①但是与藏文不同,哥巴文添加这些元音符号并不区别意义,只是起装饰作用。

方国瑜指出,凡此,字头字尾加、、符文饰符号,全与音义无关,可能是受藏文字头符号的影响。李霖灿在《么些标音文字字典》中对此类字符也作了评述,称:"音字在本身形体之外,还另外有一种附加的装饰符号,'多巴'们叫它做[gə˩bɑ˩ku˧ʈur˥ʈur˧]。它可以大致区分为两类:一类是在音字的上下方加一些、、、的符号,这像是受了汉文的影响。另一类是在音字的上下方加一些、、、、的符号,这是

① 木仕华:《纳西东巴文与藏文的关系》,《民族语文》2001年第5期。

受了藏文的影响。这一些符号虽然花样繁多，又可以随意的任加在那一个音字上（除了极少数的例外），但是它实在是一无用处的。大约‘多巴’们初由形字变音字，便觉得音字的面貌好像是太朴素了一点，因此正如他们所说的：‘这是为音字增加一点花草。’。”①

哥巴文添加的藏文元音符号主要有以下类型：

（1）在字符上方加元音符号[o]。如：bv、i、nɑ、æ、so、le、dæ、gu、n̥i、hy、gə、ɕə、phi。

（2）在字符下方加元音符号[u]。实际添加的是。如：nɯ、lɑ、dy、ʂʅ、sər、py、pɑ、khɯ。

（3）在字符上方加元音符号[i]。如：dy、dzə̣r、dv、phi、tʂʅ、thɯ、bu、ʐuɑ、y、sɑ、ly[33]、tʂhʅ、me。

（4）在字符上方加元音符号[o]，下方加元音符号[u]。如：ko，py，sʅ、hɑ、ɯ、tso。

（5）在字符上方加元音符号[i]，下方加元音符号[u]。如：gə、ɯ。这种情况比较少见。

① 李霖灿：《么些象形文字字典·么些标音文字字典》，台湾文史哲出版社，1945年第4页。

五、哥巴文的字词关系

哥巴文的字词关系问题集中体现在同义换读现象中。同义换读是意音文字中常见的一种字用现象。喻遂生指出：同义换读是指在文献中字写作A，而实际上读作与A意义相同或相近的B的语言文字现象。所谓“意义相近”，应作比较宽泛的理解，有的词平时意义未必相近，但是在一定的语境中也可以互换，也属于同义换读。[①]裘锡圭在《文字学概要》指出“同义换读”的定义：“有时候，人们不管某个字原来的读音，把这个字用来表示意义跟它原来所代表的词相同或相近的另一个词（一般是已有文字表示的词）。这两个词的音可以截然不同。”[②]汉字和东巴文都属于意音文字，意音文字有形、音、义三个要素，而语言当中的词有音和义两个要素。意音文字通过字义与语言当中的词义相联系，又通过字音与语言中的词音相联系，最终表词。字符可以有两个发展方向：一个表示读音相同或相近的其他词，即假借字；另一个表示意义相同或相近的其他词，即同义换读。如下图所示：

① 喻遂生：《纳西东巴文同义换读研究》，《云南师范大学学报》（哲学社会科学版），2018年第4期。

② 裘锡圭：《文字学概要》，商务印书馆，2013年，第210页。

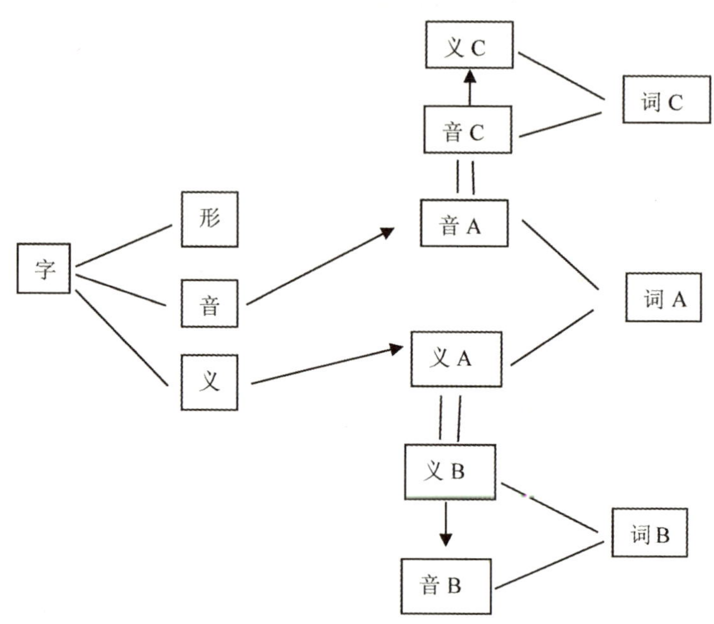

> 表意文字字词关系示意图

哥巴文属于音节文字，字符本身是不表意的，因此，它只有形和音两个要素，而语言当中的词有音和义两个要素。音节文字通过字音直接与语言中的词音相联系，进而表意（如下图所示）。在这种情况下，音节文字很难同义换读作其他字，因为字形本身并不表意，只有通过音来表意。从理论上来讲，音节文字是不具备同义换读的条件的。

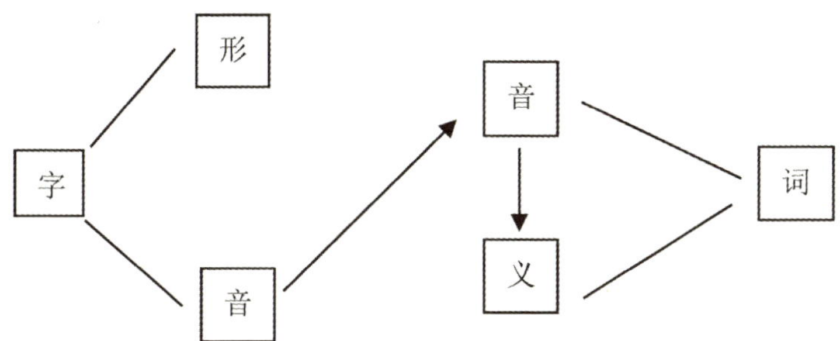

> 表音文字字词关系示意图

虽然理论上不支持，但是我们在研究中发现，在用哥巴文书写的经典中，很多字符明明读A，在经文中却读成B，而A与B之间的读音并无联系，在意义上却有联系。下面我们分别从名词、动词、形容词和代词四个方面列举哥巴文的同义换读现象。

1. 哥巴文同义换读的类别

以下所举各例引自不同的东巴经译注类著作，各书所用的纳西语音系不同，一如其旧，不作统一。选自《全集》的用例，标明其出处。

名词

（1）mi^{33}女儿—zo^{33}儿子

这段经文选自《大祭风·迎卢神》，载《全集》第79卷第216页。字释如下： u^{21}吾神， mi^{33}女儿， kɯ^{33}万， kɯ^{33}万， thv^{33}出现。全句读作：u^{21}zo^{33}kɯ^{33}kɯ^{21}thv^{33}，“吾神生育了上万的儿子”。 换读作zo^{33}儿子。除该字外， 在该经中出现6次，都读作mi^{33}，有4次作“女儿”。

（2）ȵi^{33}妻—mi^{33}女

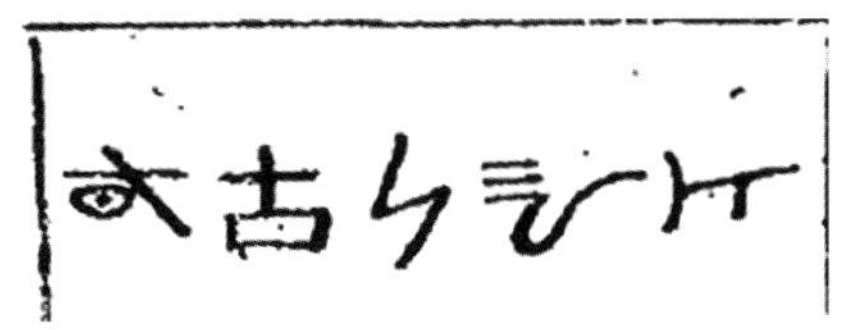

这段经文选自《大祭风·迎卢神》，载《全集》第79卷第199页。字释如下： ȵi^{33}妻， lv^{21}男， dɯ^{21}一， dʑi^{21}家， be^{33}做。全句读作：mi^{33}lv^{21}dɯ^{33}dʑi^{21}be^{33}，“男女结合成一家”。 同义换读作mi^{33}女。除该字外， 在该经中出现23次，都读作ȵi^{33}。

动词

（1）dʐʅ^{33}生长—y^{21}生长

这段经文选自《祭风·超度吊死者·情死衣的来历》，载《全集》第83卷第62页。字释如下：khu^{33}门。bə^{33}足底，借音作崩人。疑此字要读两次，又读作khɯ^{33}足，与khu^{33}门连读作khu^{33} khɯ^{55}门口。mɯ^{21}下面，从斜线，mi^{33}火声，声符的位置有表意的作用。参见《谱》165号、《么象》1359号。gu^{33}哥巴文，mi^{33}哥巴文，两字连读作gu^{33}mi^{33}藤竹。sɿ^{21}哥巴文，三。kho^{33}哥巴文，丛。dzɿ^{33}哥巴文，生长。全句读作：mɯ^{21}i^{33}bə^{33}khu^{33}khɯ^{55}，gu^{33}mi^{21}sɿ^{21}kho^{33}y^{21}，“下方崩人家门口，生长着三丛竹子”。同义换读作y^{21}生长。

(2)hɑ^{55}栖息—dzɿ^{21}住

这段经文选自《大祭风·招回本单神兵》，载《全集》第88卷第193页。字释如下：py^{33}，bv^{21}，两字连读作py^{33}bv^{21}东巴、祭司；dæ^{21}能干；me^{33}助词的；gə^{21}上；nɯ^{33}主语助词；lɑ^{33}也；mə^{33}不；hɑ^{55}栖息。全句读作：py^{33}bv^{21}dæ^{21}me^{33}gə^{21}nɯ^{33}lɑ^{33}mə^{33}dzɿ^{21}，“能干的东巴才能回到上方的位置就坐”。同义换读作dzɿ^{21}住。本经中出现6次，其中4次读hɑ，2次换读作dzɿ^{21}住。

(3)i^{33}是—be^{33}做

这段经文选自《祭风·超度董族吊死者·末卷》,载《全集》第19卷第43页。字释如下:

mɯ^{33}lɯ^{55}du^{21}dzʅ^{33}美利董主。dy^{21}大地、地方。kho^{33}lɑ^{33}iə^{21}dzər^{21}卡拉尤树。sʅ^{21}三。hɑ^{55}夜晚,以倒置与he^{33}me^{33}月亮相区别,由一夜引申作hɑ^{33}一天。iə^{21}哥巴文,用作kho^{33}lɑ^{33}iə^{21}dzər^{21}卡拉尤树的第三个音节。dzər^{21}哥巴文,树。dɯ^{21}哥巴文,一。dzər^{21}哥巴文,树,此处用作反响式量词,意为棵。du^{21}哥巴文,董神。dy^{21}哥巴文,地方。le^{33}哥巴文,又。thv^{33}哥巴文,到。hɯ^{33}哥巴文,去。i^{33}哥巴文,是。tsʅ^{55}哥巴文,说,用于句尾,表示引述。全句读作:tshʅ^{33}mu^{33}、iə^{21}mu^{21}、dv^{21}mu^{21}、tse^{21}mu^{21}thɯ,du^{24}dy^{21}hɯ^{33}be^{33}tsʅ^{55},kɑ^{55}lɑ^{33}iə^{21}dzər^{21}khɯ^{33}i^{33}le^{33}tɕhi^{33}tshʅ^{21};意译作:“楚鬼兵、尤鬼兵、毒鬼兵、仄鬼兵这些都到董族的地方,守在卡拉尤树的旁边。”此处读作be^{33},意思是“做”。

形容词

（1）hɑ^{55}好—dʑə^{21}好

这段经文选自《大祭风·超度董族的吊死者·卷首》，载《全集》第86卷第296页。字释如下：lər^{55}地，hɑ^{55}好，gə^{33}上，dy^{21}地，dʑə^{21}好。全句读作：lər^{55}dʑə^{21}gə^{33}dy^{21}dʑə^{21}，“好的土地上有好的种子”。同义换读作dʑə^{21}好。在本经中，一共出现15次，其中14次读hɑ，意思作“好”的有2次。

（2）lɑ^{55}ndər^{33}—lɑ^{55}lər^{33}广阔

这段经文选自《求取占卜经》第5页。字释如下：dzi^{33}人；dʑə^{31}生活，繁衍；lɑ^{33}大；ndər^{33}地。dy^{31}地。全句读作：dzi^{33}dʑə^{31}lɑ^{33}ndər^{33}dy^{31}，“人类繁衍的辽阔地”。从表面上看，这里不存在同义换读，这里的读音都是按照哥巴文所记录的音节读出的，但是“人类繁衍的大地”是东巴经中的惯用语，一般读作dzi^{33}dʑə^{31}lɑ^{33}lər^{33}dy^{31}，lɑ^{55}lər^{33}意为“辽阔”。而lɑ^{55}ndər^{33}可以解释成“大地”，lɑ^{55}是大，ndər^{33}是地，但是在整个句子中与dy^{31}重复了。由此，我们认为该处应该读作dzi^{33}dʑə^{31}lɑ^{33}lər^{33}dy^{31}，但是写成了dzi^{33}dʑə^{31}lɑ^{33}ndər^{33}dy^{31}。这里lɑ^{55}ndər^{33}同义换读作lɑ^{55}lər^{33}广阔。另外在《么些族占卜起源的故事》中有一句经文作：

这一句经文读作dzi^{33}dʑə^{31}lɑ^{33}lər^{33}dy^{31}。lɑ^{55}，lər^{33}，两字连读lɑ^{33}lər^{33}广阔。

代词

（1）dɯ^{21}——thɯ^{33}那

这段经文选自《大祭风·超度董族的吊死者·卷首》，载《全集》第86卷第288页。字释如下：du^{21}董神，lɑ^{33}也，du^{24}董神，dy^{21}地，dzʅ^{21}住，dɯ^{21}一，zʅ^{33}时代。全句读作：du^{21}lɑ^{33}du^{24}dy^{21}dzʅ^{21}thɯ^{33}zʅ^{33}，“董族还住在董族地方的那时候”。同义换读作thɯ^{33}那。本经中，出现25次，23次读dɯ，其中作“一”的21次。还有一次读tʂhʅ^{33}这，见下例。

（2）dɯ^{21}——tʂhʅ^{33}这

这段经文选自《大祭风·超度董族的吊死者·卷首》，载《全集》第86卷第288页。字释如下：he^{21}神，lɑ^{33}也，he^{21}神，dy^{21}地，dzʅ^{21}住，dɯ^{21}一，zʅ^{33}代。全句读作：he^{21}lɑ^{33}he^{24}dy^{21}dzʅ^{21}tʂhʅ^{33}zʅ^{33}，“神住在神地的这代”。同

义换读作tʂhʅ³³这。

本经还有另外一个dɯ²¹一同义换读作tʂhʅ³³这的例子，字形不同。

这段经文选自《大祭风·超度董族的吊死者·卷首》，载《全集》第86卷第288页。字释如下：tshʅ²¹鬼，lɑ³³也，tshʅ²¹鬼，dy²¹地，dzʅ²¹地，dɯ²¹一，zʅ³³代。全句读作：tshʅ²¹lɑ³³tshʅ²⁴dy²¹dzʅ²¹tʂhʅ³³zʅ³³，"鬼还在鬼地住的这代"。同义换读作tʂhʅ³³。该经书中，共出现9次，其中8次读dɯ，作"一"7次。

2. 哥巴文同义换读的性质

第一，哥巴文的同义换读是一种字用现象。同义换读的音随文义而设，多含有不固定性和临时性。哥巴文的同义换读同样具有这样的性质。比如，在《大祭风·超度董族的吊死者·卷首》中，字一共出现15次，其中14次读hɑ，只有一次读dʑə²¹。由此可见，的音值是hɑ，只是偶尔同义换读作dʑə²¹，因此我们不能说，有两个读音，一个读hɑ，另一个读dʑə²¹，这种说法是不正确的。

第二，哥巴文有同义换读，但没有借形字。在意音文字中，同义换读跟借形一样，都是一种文字义借现象。一个词由于为另一个词造的文字的字形对它也适合而借用这个字形，是借形。由于另一个词的意义跟它相同或相近而借用这个词的文字，是同义换读。所谓借形字就是同一个字形记录几个意义有某种联系而语音无同源关系的同形字。例如，东巴文可以读两个音，一个读作hæ^{21}金，另一个读作ʂʅ^{21}黄。不论读作hæ^{21}，还是读作ʂʅ^{21}，对于这个字形来说都是合适的，只是角度不同。象金纽扣之形，读作hæ^{21}，是从其质地来看；而读作ʂʅ^{21}是从其颜色来看。而同义换读不考虑字符义与词义之间的关系，只考虑换读的两词之间的意义连接。因为，哥巴文的字符本来就没有意义，所以，也不会出现借形字。

3. 哥巴文同义换读的特点

第一，比较隐秘，不易察觉。东巴文的同义换读比较明显，但哥巴文是音节文字，字符抽象程度高，再加上异体众多，其同义换读相对来说就比较隐秘。哥巴文的同义换读很容易被视为一字多音，而如前所述，一字多音对于音节文字来讲是一个非常致命的缺陷。

第二，数量不多。我们遍查已经刊布的哥巴文经书，只找到以上几个例子，这说明哥巴文同义换读的情况少。

4. 哥巴文同义换读产生的原因

第一，由文献性质决定。无论是东巴文还是哥巴文，都是用来书写纳西族宗教经典的，而东巴在用东巴文书写宗教经典时，并不会一字一音逐词记录，而是在言文之间留下很多空隙，让读经东巴自行填充。有时候，读经东巴并不满足于填充写经东巴留下的空隙，而是要把写经东巴写出来的词换一种方式来读，这就产生东巴文的同义换读。东巴文发展到哥巴文阶段，虽然字形简化变形，但是读经东巴的习惯没有改变，在读哥巴文经书的时候也会随文改读。但是，读经东巴一旦受了专业训练，就不会出现同义换读的现象。例如李霖灿的《么些族占卜起源的故事》就没有出现同义换读的现象。李霖灿在《么些族占卜起源的故事》序言中指出，因为东巴不识哥巴文，就请和文质在每个哥巴文下标注东巴文，又请和才东巴照着经典朗读，张琨记音。从此可以看出，李霖灿的这部经典并不是在正常情况下读出来的，而是要求和才逐字读出，因此，才没有出现同义换读的现象。而在一般的情况下，东巴是没有这样的束缚的。

第二，哥巴文的文字制度不够完善。东巴文和哥巴文都是由纳西东巴创造的，东巴文是哥巴文的母体，尽管它们的文字性质不同，但是哥巴文天然带有东巴文的影子。哥巴文作为一种音节文字，音节文字的符号本身是不表意的，而同义换读恰恰是通过字符上附着的词义换读作完全不同音的另外一个词。

这说明哥巴文的文字制度不够完善,并没有完成意音文字向音节文字的转换。从某种程度上来看,哥巴文的同义换读是对音节文字的一种反潮流。

第四编

哥巴文的运用

一、哥巴文标音及记录词句

哥巴文在东巴经中可以为单个东巴文标音，也可以完全或部分记录一句经文，还可以记录整段经文，甚至可以书写整本经书。

1. 为单个东巴文标音

哥巴文做东巴文的声符

在几部东巴文字词典中都收录了很多以哥巴文为声符的东巴文形声字。比如：

《谱》325号：tʂə^{21}秧鸡，从鸟（tʂə哥巴字）声。

《谱》292号：ɕə^{24}鸡，从鸡（ɕə哥巴字）声。

《谱》315号："tɕi^{55}ko^{33}lo^{21}琉璃鸟，从鸟（ko^{21}哥巴字）声。

《么象》1391号：io^{11}ɯ^{33}pɑ^{55}hæ^{21}么些族妇女背上所负之羊皮披背，从披背，（io哥巴字）声。

《么象》1444号：io^{55}玉，从玉，（io哥巴字）声。鲁甸一带的写法。

《么象》1619号：tʂɯ^{33}土，从土，（tʂɯ哥巴字）声。

《谱》90号：tɕər^{55}i^{33}thɑ^{55}phər^{21}khɯ^{33}大理三塔寺，从地从塔，（tɕər^{33}哥巴字）、（i^{33}哥巴字）、（phər^{21}解）声。

《谱》301号：tɕi^{55}ʂə^{33}鹊，从鸟，（tɕi^{55}剪刀）、（ʂə哥巴字）声。

《辞典》202页：^{2}Gyi-^{1}aw^{1}dü久阿都，地名，从地，（^{1}gyi水）、（^{1}aw哥巴字）声。

哥巴文做音补

音补是指一个语音符号附加在一个有多种读法的字符上，以使其表达单一化的现象。从语音的角度来描述文字现象，音补附着于原字符，并且与原字符共同表示全部或者部分读音，起到提示作用。音补与上文所说的形声字有联系，也有区别。最大的区别在于音补符号不固定和音补符号与被依附字融合。比如下图中两个神像旁的哥巴文就是音补，用于标写两个神名。

> 木牌画画谱（桑尼才）

在东巴经中，音补现象很常见。

（1）例1：烧天香是东巴教的一种宗教仪式，将松枝、柏枝、面粉、酥油等放在一起点燃，产生大量白色烟雾，烟熏向上空飘散，具有请求神灵赐福的意义。烧天香一般用一个东巴文表示。东巴文的字词典中收录了这个字，如下：

《谱》1265 号：tʂhu^{55}pɑ^{33}be^{33}烧天香，从火盆烧柏枝、酥油、面粉。

《么象》1791 号：tʂho^{55}pɑ^{33}ndʐi^{55}烧天香，么些人燎柏叶等以祭天敬神，当地人称之曰烧天香。画一台上有火，火上有柏叶及面粉等物之状。或写作，其台亦有写作此形者，东坝子一带皆如此。

《么象》160 页：tʂhu^{55}pɑ^{33}供献给神灵的桑烟，俗称天香。

从上可知，“烧天香”有三个读音，tʂhu^{55}pɑ^{33}be^{33}、tʂho^{55}pɑ^{33}ndʐi^{55}和 tʂhu^{55}pɑ^{33}。为了固定“烧天香”的读音，需添加声符。有些添加哥巴文做音补。

，读作 tʂhu^{55}pɑ^{33}be^{33}烧天香。三个哥巴字、、分别读作 tʂhu^{55}、pɑ^{33}、be^{33}，为注音。

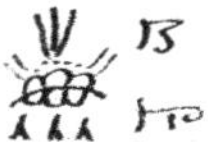

，读作 tʂhu^{55}pɑ^{33}be^{33}。两个哥巴字和分别标示第二和第三音节。

（2）例2：《祭风·超度吊死者·情死衣的来历》第11页（载《全集》第83卷第60页）中的一节：

>《祭风·超度吊死者·情死衣的来历》第11页（局部）

---

mɯ^{55}dzɿ^{21}tse^{33}nɑ^{21}ko^{21}，mɯ^{55}hər^{21}gv^{21}mə^{33}dʑy^{21}，dɑ^{55}se^{33} le^{21}mə^{33}hər^{21}。

美孜铮纳　草原　竹　绿　舅　没　有　砍　了　又　不　绿

译文：在美孜铮纳草原，如果无舅父，竹子砍倒了就不再青翠。

三个哥巴字、、的作用是为（草原）的名字mɯ^{55}dzɿ^{21}tse^{33}nɑ^{21}（美孜铮纳）标音。

2. 记录文句

记录经文

在以东巴文为主的经书中，哥巴文可以记录一句或几句完整的经文。如《祭风·超度吊死者·情死衣的来历》第12页（载《全集》第83卷第62页）前三节都是用哥巴文记录。翻译如下：

>《祭风·超度吊死者·情死衣的来历》第12页

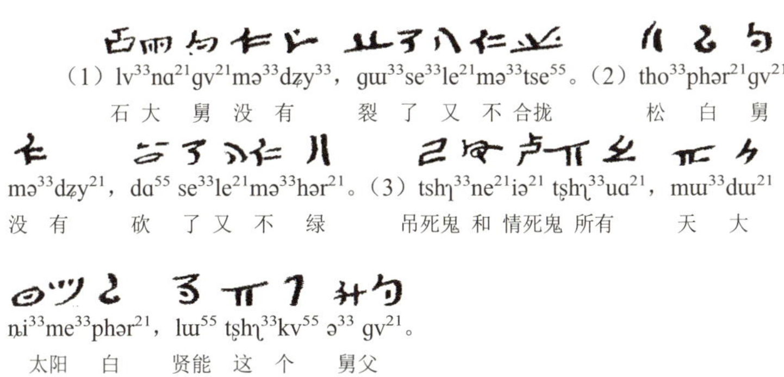

（1）lv^{33}na^{21}gv^{21}mə^{33}dʐy^{33}，gɯ^{33}se^{33}le^{21}mə^{33}tse^{55}。（2）tho^{33}phər^{21}gv^{21}

石大 舅 没 有 裂 了 又 不 合拢 松 白 舅

mə^{33}dʐy^{21}，da^{55} se^{33}le^{21}mə^{33}hər^{21}。（3）tshʅ^{33}ne^{21}iə^{21} tʂhʅ^{33}ua^{21}，mɯ^{33}dɯ^{21}

没 有 砍 了 又 不 绿 吊死鬼 和 情死鬼 所有 天 大

ȵi^{33}me^{33}phər^{21}，lɯ^{55} tʂhʅ^{33}kv^{55} ə^{33} gv^{21}。

太阳 白 贤能 这 个 舅父

译文：①如果无舅父，石裂后不能再合拢。②如果无舅父，松树被砍倒后不再葱绿。③所有的吊死鬼和情死鬼，光明的太阳是人类的舅父。

记录书名

还有一类句子比较特殊，那就是书名。从使用文字的角度来看，书名大致可以分为四类：一是用东巴文书写；二是用哥巴文书写；三是哥巴文与东巴文混合书写；四是东巴文与哥巴文对照书写。有哥巴文参与的是后三种。一般情况下，如果书名中出现哥巴文，那么经书正文也会出现哥巴文。

> 哥巴文经书《舞蹈的来历》封面

如《舞蹈的来历》，标题全是由哥巴文书写。翻译如下：

tsho^{33}	pɯ^{21}	tsho^{33}	lɯ^{21}	gə^{33}	the^{33}	ɯ^{33}	uɑ^{33}	me^{33}
舞蹈	来历	舞蹈	起源	的	书		是	的

3. 记录跋语

跋语主要是为了说明抄经的时间、地点，东巴的村名、人名，写经人的年龄及相关情况，表达良好祝愿，等等。很多跋语用哥巴文书写。

东巴经一般以抄本传世。由于古代纳西族社会的占卜和祭祀活动十分频繁，东巴经书被长久使用，难免损坏，东巴便会重抄一份代之。年轻东巴一般会向其师借来经书，自己抄录一份使用。东巴去世后，火葬时，家人会焚烧一些东巴经典。早期东巴经都没有纪年，到了明末清初，开始出现一些用皇帝年号和藏历等纪年方式来记录抄写时代的经书。现存的国内外东巴经中发现了一些皇帝年号纪年、藏历纪年、书写者年龄纪年和历史大事件纪年等。但是，在浩如烟海的东巴经典中，纪年的必定是少数，多数东巴经不能确定其抄写时代。不少东巴在抄写经书末了，会写一些记事性质的文字，或述经过，或发感想，我们将其称为跋语。

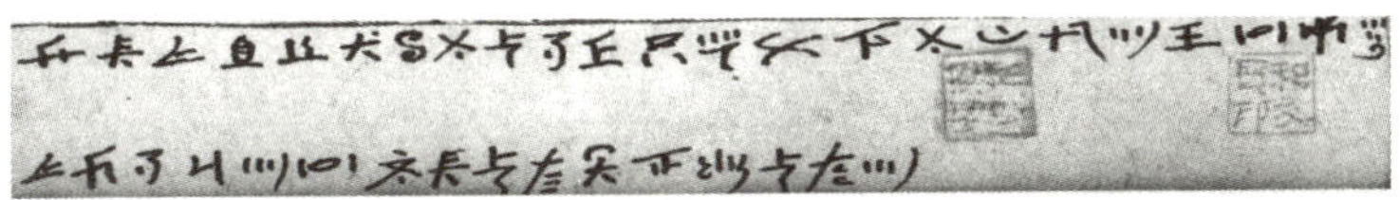

>《超度胜利者·末卷，献饭，遗留福泽》跋语

(1)例1：如上图《超度胜利者·末卷，献饭，遗留福泽》跋语(载《全集》第70卷)，用哥巴文书写，翻译如下：

ɑ^{33}ʂər^{21}dʐu^{21}gə^{21}ȵə^{55}uə^{33}khɯ^{33}thv^{55}，lɑ^{33}iə^{21}lɯ^{55}bu^{21}phv^{33}dʐʅ^{33}te^{33}so^{33}

阿时主　格纽坞　脚　下　识广　东巴　普支登梭

lɑ^{21}nɯ^{33} pər^{55}me^{33}uɑ^{21}，py^{33}bv^{21}ŋə^{33}gə^{33}bɯ^{21}lɯ^{33}uɑ^{21}me^{55}，py^{21}zʅ^{33} ʂər^{55}iə^{55}

手（助）写　的　是　东巴　我　的　经书　是　的　东巴　寿　长　给

ho^{55}，phɑ^{21}hɑ^{55}i^{33}iə^{55}ho^{55}me^{33}。

祝　巫师　饭　有　给　祝　的

译文：这是阿时主地方格纽坞山脚下的人，知识渊博的普支登梭东巴写的经书，经书也是我的，祝东巴长寿！祝巫师延年！

① ② ③ ④ ⑤

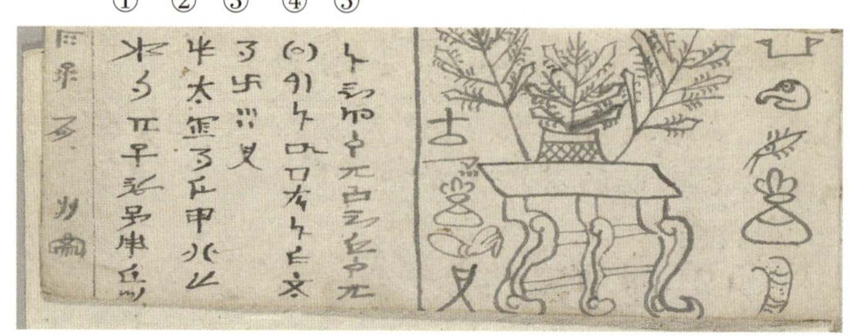

>《祭绝后鬼，祭毒鬼，规程》跋语

（2）例 2：上图这则跋语选自东巴经《祭绝后鬼，祭毒鬼，规程》，这部经书现藏美国哈佛燕京图书馆，编号 K45。这则跋语在经书第 2 页。竖行排列，比较罕见。这部经书的抄写者是一个叫东毕的东巴。翻译如下：

（1） i^{33}gv^{21} tʂʅ^{33} dər^{21} lo^{33} pɯ^{33} ɯ^{33} （2） bu^{21}me^{33}dʑy^{21} khɯ^{33} thv^{33}

丽江 这 地方 普俄 天马山 脚 下

lɯ^{55} bu^{21} tho^{33}by^{21} gə^{21} （3） lɯ^{55}ɣɯ^{33} uɑ^{33} me^{33}。（4） py^{21}bv^{33} ʂə^{55} thɯ^{33}

祭司 东毕 的 经书 是 的 祭司 说 那

khu^{33}dɯ^{21} ʂə^{55} mə^{33} du^{33} 。（5） ʂə^{55} hɯ^{21} be^{33} gɑ^{33} mɯ^{21} 。n̡i^{33} hɯ^{21}

赞扬 说 不 兴 说 容易 做 难 啊 借 容易

dɯ^{21}gɑ^{33} mɯ^{21}。

得到 难 啊

译文：①丽江这地方普俄②③天马山脚下祭司东毕的经书。④祭司不要说赞扬的话，说容易做到很难啊。⑤借（书）容易得到（书里的知识）却很难。

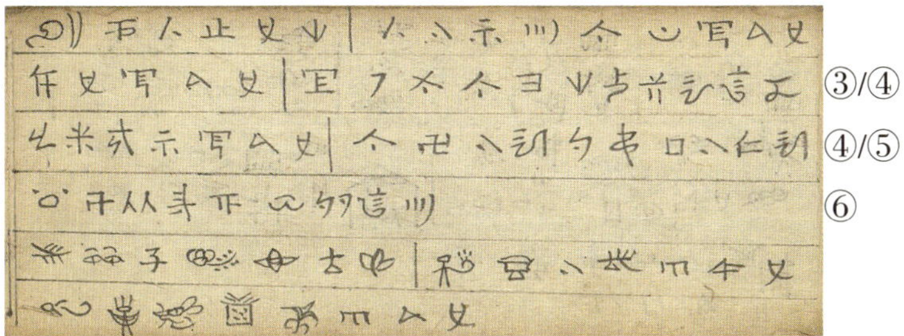

>《求大威灵》跋语

(3)例3:上图这则跋语选自东巴经《求大威灵》,这部经书现藏美国哈佛燕京图书馆,编号D20。这部经书末尾有以哥巴文书写的跋语。这则跋语主要讲了这部经书的抄写人、抄写时间,以及一些祝福语。这则跋语的重要性在于它透露了和鸿的生年的干支。通过这个信息,我们推测出和鸿生于1819年。翻译如下:

(1)bu^{33}tho^{21} tʂʅ^{33} me^{33} gə^{33} (2)tho^{33}le^{33} khv^{55} me^{33} zo^{33} nɯ^{33} pər^{55} mu^{33}

花甲 土 的 上 兔 年 的 男 (助) 写 是

me^{33}。(3) sæ^{21}me^{33} pər^{55} mu^{33} me^{33}。(4) be^{33} kv^{33} lɑ^{33}zo^{33}tʂhu^{33} gə^{33}iə^{33}kæ^{33}

的 三月 写 是 的 村头 拉若初 的 男子

hɯ^{33} ho^{33} ŋə^{21} uɑ^{33} tshər^{21} dɯ^{21} khv^{55} pər^{55} mu^{33} me^{33}。(5) zo^{33} ɣɯ^{33} le^{33} hɯ^{33}

和鸿 我 五十 一 岁 写 是 的 男 好 又 去

gv^{33}, kho^{33}khu^{33} le^{33} mə^{33} hɯ^{33}。(6) py^{21}bv^{33} zʅ^{33}ʂər^{21}hɑ^{55}i^{33} kv^{33} ho^{55} me^{33}。

成 名声 又 不 去 祭司 长寿日永 处 愿 的

译文：①花甲土②兔年生的男子写的。③三月写的。④村头拉若初的男子和鸿我五十一岁写的。⑤好男子走了，名声留下了。⑥愿祭司寿长日永。

>《禳垛鬼大仪式·招魂经》跋语

（4）例4：上图这则跋语选自《禳垛鬼大仪式·招魂经》（载《全集》第30卷），这部经书的抄写人是和凤书。正文部分是三本经书的合集，分别是《招魂经》《让母马驮替身物和凶灾到鬼和仇人住地去》《董神与术鬼的故事及施放黑色的牛和绵羊》，三部经书都属于禳垛鬼大仪式。三部经书后都附有跋语，这则跋语附在第一部经书之后。1947年，和凤书曾参加丽江满子书白岩山下、汝南化"什罗灵洞"举行的大型法会，在一百多名东巴跳神大典中，他排在首位表演了一轮东巴神舞，极其荣耀。这则跋语就是记载他参加那次法会的情况，虽然简短，但是可以看出和凤书内心的自豪。翻译如下：

（1）$uə^{33}ly^{33}khɯ^{33}py^{33}bv^{21}$，$mə^{33}ko^{55}sy^{21}mə^{33}dʑy^{33}$，$sy^{21}be^{33}ko^{55}se^{21}$
坞吕肯　祭司　没有 经历 全 没 有　什么 都 经历 了

me^{33}。$fv^{55}khv^{33}thɯ^{33}khv^{55}$（2）$gə^{33}$，$huə^{55}be^{33}to^{55}thv^{33}$，$dɯ^{33}hə^{33}thɯ^{33}$，$ȵi^{33}ɕi^{33}$
啊　鼠 年　那 年　的　会 办 时 到　全部　这些　二 百

ha^{55}dɯ^{33}a^{21} ne^{21}me^{33}ua^{21}, gu^{21}be^{33}（3）gə^{33}, ɕiæ^{55}ʂʅ^{33}la^{33}mi^{21}, sue^{33}dɯ^{33}sue^{33}
多 一 聚集 着 的 是 大研镇 的 县 绅 老 有名 官 大 官

tɕi^{55}la^{33}, dɯ^{33}khu^{33}dɯ^{21}ne^{21}mu^{33}me^{55}。the^{21}mə^{33}ua^{21}（4）iə^{33}。tʂhu^{21}be^{33}i^{55}me^{33}
小 也 一 赞扬 着 的 啊 且 不 是 呀 早 的 准备

gə^{33}la^{33}tsʅ^{33}, mə^{33} tʂhu^{21}se^{33}iə^{33}me^{55}。be^{33}ɯ^{33}tsʅ^{33}gɯ^{21}nɯ^{33}, dɯ^{33}thv^{33}le^{33}
的 也 说 不 早 了 呀 啊 做 好 因为 才 一 桩 又

dɯ^{33}mu^{21}（5）me^{55}。e^{33}i^{33}kæ^{33}dər^{33}thɯ^{33}, kæ^{33}dər^{33}me^{55}, ua^{21}be^{33}so^{21}mu^{21}ʂə^{55}
完成 的 啊 现在 改 需要 那 改 必须 啊 是 的 学 的 说

mə^{33}tha^{55}se^{21}。
不 能够 了

译文：①坞吕肯村的祭司我，没有什么没有经历过的，全都经历过的啊。鼠年那年②办甲子会时，一共有二百多位祭司聚集在一起，大研镇丽江城里的③县官、绅士、有名望的长老以及大小官员，都曾赞扬过一下的啊。虽然如此，但也不是轻易办成的。④虽然很早就准备好了的，但做起来也不算是早的了呀。因为做得好，才完成了这一桩大事的啊。⑤现在需要修改的仪规，还是必须修改的啊，不能固执地说我是这样学来的了。

4. 记录咒语

咒语，纳西语读作 hua^{55}ly^{21}。东巴经中常用哥巴文来书写咒语，大多数咒语都是藏音，东巴只会读，不明白其中的意思。有时只有一句或几句，大多位于经书的末尾。也有一些用哥巴文书写的咒语专书。

这里哥巴文的主要功能是记音。因此，在东巴经中记录咒语和藏语的部分，对读音准确度的要求非常严格，必须使用一字一音节的记录方式。咒语有些用东巴文记录，有些使用了哥巴文字符进行记录。

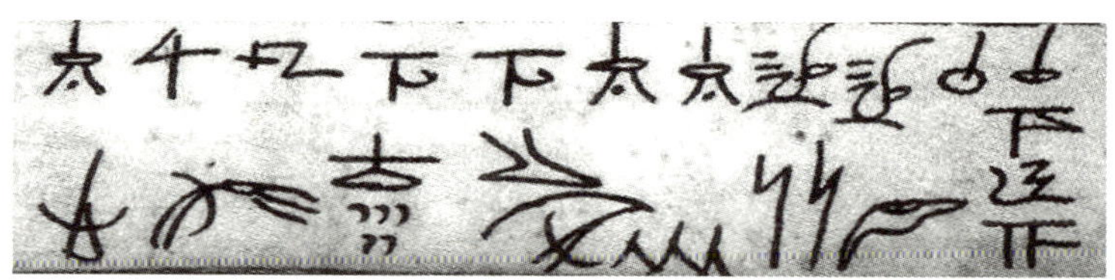

>《禳垛鬼仪式·乌格神与乌麻鬼争斗，送乌格大神经》第11页(局部)

如上图《禳垛鬼仪式·乌格神与乌麻鬼争斗，送乌格大神经》第11页(载《全集》第31卷)有一段用哥巴文书写的咒语。翻译者不解其意，只能用音译。如下：

khɑ^{33}	ʂʅ^{33}	pv^{55}	sæ^{24}	sæ^{21}	khɑ^{24}	khɑ^{21}	lo^{24}	lo^{21}	çy^{24}
考	史	布	山	扇	考	考	罗	罗	许
çy^{21}	so^{33}	uɑ^{33}	hɑ^{33}						
许	梭	瓦	哈						

邓章应指出：“用哥巴文书写咒语有其必然性，因为经典中的咒语要求读法准确，不能增减改变，而采用东巴文记录，则不

能很好准确再现其读音，即使完全采用假借，也有字符表意的妨碍，故选择表音准确的一字一音节的哥巴字最理想不过。”[①]

二、哥巴文与东巴文混合记录经书

哥巴文还可以跟东巴文混合，用于记录经书，这样的经书在丽江地区比较常见。

1. 东巴文与哥巴文对照书写记录标题

>《请神镇压端鬼·端鬼的出处来历》封面

如上图《请神镇压端鬼·端鬼的出处来历》（载《全集》第47卷），封面标题中东巴文与哥巴文混合书写，相互补充，7个哥巴文字符表示标题中的“镇压端鬼仪式”，即仪式名，7个东巴文字符表示该部经书的名字，另外3个哥巴文字符意义不明。

① 邓章应：《哥巴文文字系统的形成》，《汉字研究》（第6辑），2012年，第209-210页。

py^{33}bv^{21}东巴，东巴头戴法冠做法事状。此处不读音。

zər^{21}镇压，从脚踩线。

dər^{33}池塘，借音作鬼名端，读作dər^{33}tshɿ^{21}端鬼。

phər^{21}解开。la^{33}虎。两字连读借音作phv^{33}la^{21}神。

sɑ^{55}气，借音作迎请。

me^{55}雌阴，借音作助词me^{33}的。字形稍残。

tshɿ^{21}鬼，这里指dər^{33}tshɿ^{21}端鬼。

pɯ^{33}艾蒿，借音作pɯ^{55}出处。thv^{21}桶，借音作thv^{33}出处，来历。两字连读作thv^{33}pɯ^{55}出处来历。

dɯ^{33}哥巴文，意义不明。

kv^{55}哥巴文，意义不明。

me^{55}雌阴，借音作句末语气词。

dər^{33}哥巴文。tshɿ^{21}哥巴文。两字连读作dər^{33}tshɿ^{21}端鬼。

thv^{55}哥巴文，驱赶。

the^{33}哥巴文。ɣɯ^{33}哥巴文。两字连读作the^{33}ɣɯ^{33}经书。

mu^{21}是，哥巴文。

me^{55}的，哥巴文。

dɯ^{33}kv^{55}me^{55}。①

dər^{33}tshɿ^{21}thv^{55}the^{33}ɣɯ^{33}mu^{21}me^{55}。

端鬼　驱赶　经书　是（语）

dər^{33}tshɿ^{21}zər^{21} • phv^{33}la^{21}sɑ^{55}uɑ^{21}me^{55} • dər^{33}tshɿ^{21}thv^{33}pɯ^{55}。

端鬼　镇压　神　迎请　是（语）　端鬼　出处来历

译文：是请神镇压端鬼，端鬼的出处来历（经）。

2. 东巴文与哥巴文对照书写经文

《迎请阴阳万物之神》是一部东巴文与哥巴文对照书写的经书，是和泗泉的手书。傅懋勣曾经抄写过这部经书，后又在和芳的帮助下对其进行了翻译。傅懋勣去世后，这个译本经由傅懋勣夫人徐琳和和发源整理后发表。这部经书的节译本被收入《纳西象形文字谱》。这里我们节译经书的前10个小节，对文中的东巴文进行比较详细的解释。

① 不成句，不翻译。

经书书页

第一页：

①　②

③　④　⑤

第二页：

⑥　⑦

⑧　⑨

第三页：

⑩　⑪

⑫

①　ɑ^{33}呵，从口出气。

lɑ^{21}手，借音作又。

mə^{33}不。

ʂər^{55}七，借音作说。

be^{33}做，借音作的。

thɯ^{33}喝，借音作那。

dzʅ^{21}时间。

②　i^{33}山驴。　dɑ^{21}砍。两字连读借音作 i^{33}dɑ^{21}主人。

uə^{33}村。

ɣɯ^{33}好，借自佛教符号。

kv^{33}蒜，借音作会。

③　pv^{55}阳。　lv^{33}石头。两字连读借音作 pv^{55}lv^{33}倒塌。

be^{33}做。

④　dər^{33}毡廉。　ɣɯ^{33}宝物。两字连读借音作 dər^{33}ɣɯ^{33}庄稼。

kv^{33}蒜，借音作上。

huɑ^{55}白鹇鸟，借音作麦锈病。

lv^{33}石头，借音作沾。

be^{33}做。

⑤ o33骨头,借音作玉。tshi21肩胛骨。两字连读借音作o33tshi21玉泉。

kho33角,借音作洞。

⑥ tʂʅ55土。

lv33石。

tər21无头鬼,借音作堵塞。

i33山驴,借音作有。

kv55蒜,借音作会。

⑦ bv33锅,借音作羊。

o21骨头,借音作吃。

tɯ33起,借音作处、地方。

ȵə55眼睛。tʂə33秧鸡,两字连读借音作ȵə55tʂə33缠沾草。

be33做。

⑧ æ33鸡。

o21骨头,借音作吃。

tɯ33起,借音作地方、处。

sɑ33气。no21畜神。两字连读借音作sɑ33no21乱麻团。

be33做。

i33山驴,借音作有。

kv^{55}蒜，借音作会。

⑨  iə^{33}烟叶。kæ^{21}秋千。两字连读借音作iə^{33}kæ^{21}丈夫。

dɯ^{21}大，借音作一。

mə^{33}不。hɯ^{21}牙齿。两字连读借音作mə^{33}hɯ^{21}发怒、生气。

⑩  hɯ^{21}夜。

kho^{33}角，借音作半。

mə^{33}不。

i^{55}山驴。v^{21}银。两字连读借音作i^{55}v^{21}睡觉。

⑪  bv^{33}锅，借音作羊。le^{21}獐子。两字连读作羊。

dɯ^{33}大，借音作一。

mə^{33}不。hɯ^{21}牙齿。两字连读借音作mə^{33}hɯ^{21}发怒、生气。

⑫ n̥i^{33}日。

kho^{33}角，借音作半。

zə^{21}草。

mə^{33}不。

gu^{21}粮仓，借音作guə^{33}吃。

（1）ɑ^{33} lɑ^{33} mə^{33} ʂər^{55} be^{33} thɯ^{33}dʐʅ^{21}，（2）i^{33}dɑ^{21} uə^{33}ɣɯ^{33} kv^{33}

啊 也 不 说 的 那 时 主人家 村 好 上

（3）pv^{55}lv^{33}be^{33}。（4）dər^{33}ɣɯ^{33}kv^{33}huɑ^{55}lv^{33}be^{33}。（5）o^{33} tshi^{21}kho^{33}

倒塌 做 庄稼 上 麦锈病 沾 做 玉泉 洞

（6）tʂʅ^{55}lv^{33} tər^{21} i^{33} kv^{55}。（7）bv^{33}o^{21} tɯ^{33} ȵə^{55}tʂə^{33} be^{33}。

土 石 堵 有 会 羊 吃 处 缠沾草 做

（8）æ^{33} o^{21} tɯ^{33} sɑ^{33}no^{21} be^{33}i^{33}kv^{55}。（9）iə^{33}kæ^{21}dɯ^{33}mə^{33}hɯ^{21}。

鸡 啄 地 乱麻团 做 会 丈夫 一 发怒

（10）hɯ^{21} kho^{33} mə^{33} i^{55} v^{21}。 （11）bv^{33}le^{21} dɯ^{33} mə^{33} hɯ^{21}

半夜 不 睡觉 羊 一 发怒

（12）ȵi^{55}kho^{33} zə^{21} mə^{33} guə^{33}。

日 半 草 不 吃

译文：①啊也不会说的时候，②③主人家的好村庄倒塌了。④庄稼上沾染上麦锈病。⑤⑥玉泉洞土石被堵上。⑦绵羊吃草处，放置缠沾草。⑧鸡寻食地方，放置乱麻线。⑨丈夫一生气，⑩半夜不入睡。⑪羊一生气，⑫半天不吃草。

3. 东巴文与哥巴文混合书写记录跋语

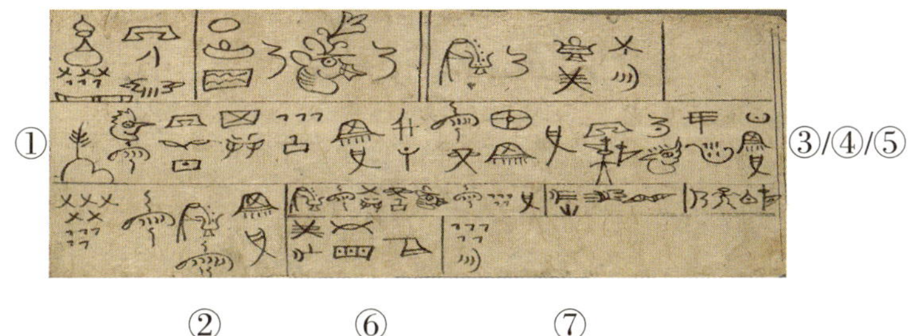

①　③/④/⑤

②　⑥　⑦

① bu^{21}坡，象山坡。 tho^{33} 松树。两字连读借音作bu^{33}tho^{21}布托，是纳西族的一种纪年方法，即将五行各分阴阳为十，与十二生肖相配为六十，相当于干支纪年的六十花甲。

æ^{21}鸡。

khv^{33}收获，从镰割物，借音作khv^{55}年。

gə^{21}上，借音作gə^{33}的。

iə^{33}烟叶。 pe^{21}门闩。两字连读借音作iə^{21}pe^{21}正月。

tshe^{33}盐，从 块状物， tshe^{21}十声。 do^{21}见。两字连读借音作tshe^{33}do^{21}农历初几之初。

ʂɿ^{21}三。

ȵi^{33}哥巴文，日。

pər^{55}梳子，借音作写。

me^{33}雌，象雌阴，借音作me^{55}语气词。

ə^{21}哥巴文。 y^{21}哥巴文。两字连读作ə^{21}y^{21}人生。

khv^{33}收获，从镰割物，借音作khv^{55}年。

dɯ^{21}大，借音作一。

ȵi^{33}太阳，引申作日子。

pər^{55}梳子，借音作写。

me^{33}雌，象雌阴，借音作me^{55}语气词。

gə^{21}上。 dæ^{21}能干，从人手执旗帜，借音作dər^{33}潭。两字连读作地名gə^{21}dər^{33}格达，意为上面的潭。《辞典》下第535页载为玉龙雪山西坡的一处潭。

lɯ^{55}哥巴文。 bu^{21}猪。两字连读作lɯ^{55}bu^{21}祭司、巫师，祭司自称。

to^{33}哥巴文。 ŋə^{21}我，从人自指省， ŋə^{33}五（藏音）声，《谱》553号作 。两字连读借音作东巴法名to^{33}ŋə^{21}东昂。

nɯ^{33}哥巴文，主语助词。

pər^{55}梳子，借音作写。

me^{33}雌，象雌阴，借音作 me^{55}语气词。

② ua^{33}tshər^{21}五十。

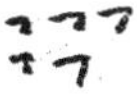

ua^{33}五。

khv^{33}收获，从镰割物，借音作 khv^{55}年。

thɯ^{21}饮、喝，借音作 thɯ^{33}那。

khv^{33}收获，从镰割物，借音作 khv^{55}年。

pər^{55}梳子，借音作写。

me^{33}雌，象雌阴，借音作 me^{55}语气词。

③ thɯ^{21}饮、喝，借音作 thɯ^{33}那。

khv^{33}收获，从镰割物，借音作 khv^{55}年。

tshe^{21}十。 do^{21}见。两字连读借音作 tshe^{33}do^{21}农历初几之初。

dɯ^{21}大，借音作一。

ȵi^{33}哥巴文，日。

ʐua^{33}马。

khv^{33}收获，从镰割物，借音作 khv^{55}属（某属相）。

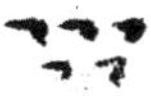

ua^{33}五，借音作是。

me^{33}雌，象雌阴，借音作me^{55}语气词。

④ sɑ^{55}气。 zə̡^{21}草。 tsɿ^{33}束。 tsi^{55}脐。四字连读借音作神名sɑ^{33}zə̡^{21}tsɿ^{33}tsi^{55}撒日子子。

⑤ pɑ^{33}哥巴文。 ȵy^{33}发抖。 kɯ^{21}胆。 the^{33}旗子。四字连读作借音作神名pɑ^{33}ȵy^{33}kɯ^{21}the^{33}八聂可特。

⑥ ʂɿ^{33}哥巴文。 i^{33}哥巴文。 lu^{33}哥巴文。 tʂɿ^{33}土。四字连读借音作神名ʂɿ^{33}i^{33}lu^{33}tʂɿ^{33}史依鲁指。

ʂu^{21}铁，由斧头借形而成，借音作找。

⑦ uɑ^{33}五，借音作是。

me^{55}哥巴文，语气词。

（1）bu^{33}tho^{21} æ^{21} khv^{55}gə^{33} iə^{21}pe^{21} tshe^{33}do^{21} sɿ^{55} ȵi^{33} pər^{55} me^{55}，ə^{21}y^{21}
花甲 鸡 年 的 正月 初 三 日 写 （语） 猴

khv^{55}dɯ^{33} ȵi^{33} pər^{55} me^{55}。gə^{33}dæ^{21} lɯ^{55}bu^{21} tho^{33}ŋə^{21} nɯ^{33} pər^{55} me^{55}，
属 一 日 写 （语） 格达 东巴 东昂 （助） 写 （语）

（2）uɑ^{33}tshər^{21}uɑ^{33}khv^{55}thɯ^{33} khv^{55} pər^{55} me^{55}。（3）thɯ^{33} khv^{55} tshe^{33}do^{21}
五 十 五 岁 那 年 写 （语） 那 年 初

dɯ^{21} n̥i^{33} ʐuɑ^{33} khv^{55} uɑ^{33} me^{55}。(4) sɑ^{33}ʐə^{21} tsɿ^{33}tsi^{55}，(5) pɑ^{33} n̥y^{33} kɯ^{21}the^{33}
一　日　马　属相　是（语）　撒日子子　八聂可特

(6) ʂʅ^{33} i^{33} lu^{33} tʂʅ^{33} ʂu^{21} (7) uɑ^{33} me^{55}。
史依鲁指　找　是（语）

译文：①花甲鸡年正月初三写的，属猴的一天写的。格达东巴东昂写的，②五十五岁那年写的。③那年的初一属马。[①]④⑤⑥⑦找撒日子子、八聂可特、史依鲁指。

4. 东巴文和哥巴文混合书写记录汉语

下面是一本用东巴文和哥巴文混合书写记录的汉语《三字经》。《三字经》是中国古代用于儿童识字的蒙学教材，它采用三言韵语的形式，内容丰富，涵盖面广。目前我们可以找到的少数民族文字版的《三字经》只有《满汉合璧三字经》。这本东巴文、哥巴文和汉字抄在一起的《三字经》可以称为《纳汉合璧三字经》，非常珍贵。下面对其中的一页进行译释。

---

① 1909年，宣统元年己酉，藏历土鸡年。正月初一壬午日属马，初三甲申日属猴。

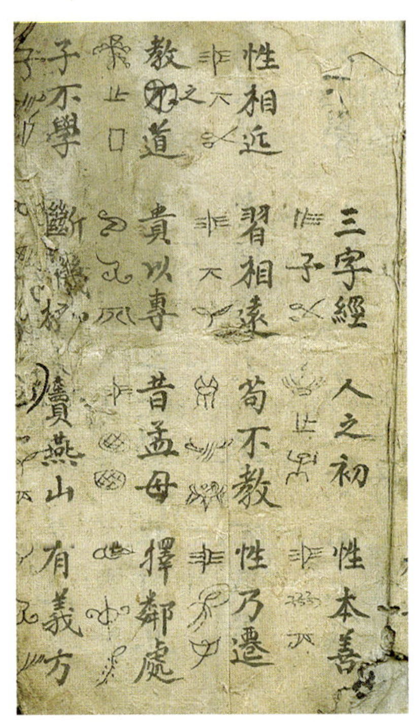

> 东巴文、哥巴文、汉字合璧《三字经》

东巴文或哥巴文	本音	本义	对应的汉字
	sɑ[55]	气	三
	tsɿ[33]	哥巴文，借汉字“子”	字
	tɕi[55]	羊毛剪	经
	zə[21]	草	人
	tʂʅ[55]	哥巴文，借汉字“止”	之
	tsho[33]	跳舞	初

续表

东巴文或哥巴文	本音	本义	对应的汉字
	çi^{21}	稻子	性
	pɯ^{33}	艾蒿	本
	sæ^{33}	血	善
	çi^{21}	稻子	性
	çə^{24}	哥巴文，借汉字“下”	相
	tçi^{55}	羊毛剪	近
	çi^{21}	稻子	习
	çə^{24}	哥巴文，借汉字“下”	相
	iə^{33}	烟叶	远
	kv^{33}	蒜	苟
	pv^{55}	甑子	不
	tçə^{55}	煮	教
	çi^{21}	稻子	性
	næ^{33}	躲藏	乃
	tçhə^{33}	阴魂失落	迁
	tçə^{33}	麻风病	教
	tʂʅ^{55}	哥巴文，借汉字“止”	之

续表

东巴文或哥巴文	本音	本义	对应的汉字
	to^{33}	板	道
	kuə^{55}	划刀	贵
	i^{21}	漏	以
	tʂhuɑ^{33}	床	专
	ɕi^{21}	麦子	昔
	mu^{21}	簸箕	孟
	mu^{21}	簸箕	母
	tshɑ^{55}	咬	择
	li^{33}	法轮	邻
	tshv^{33}	温泉	处
	tsɿ^{33}	哥巴文,借汉字“子”	子
	pv^{55}	甑子	不
	ɕy^{21}	香柱	学
缺字			断
缺字			机
缺字			杼
缺字			窦
	iə^{33}	烟叶	燕
	sæ^{33}	血	山

续表

东巴文或哥巴文	本音	本义	对应的汉字
	y^{33}	哥巴文，借汉字“羊”	有
	i^{21}	漏	义
	fv^{33}	毛发	方

这页《三字经》一共有45个汉字，7个哥巴文，34个东巴文，另有4个字缺失。7个哥巴文中，有1个形、音、义全借；6个是汉字的音读字。

三、哥巴文独立记录经书

哥巴文还可以书写整部经书。从内容上来看，哥巴文经书与一般的东巴文经书也有区别。哥巴文最常用于书写咒语，比如，巴克收集的《什罗忏悔经》，整本书都是用哥巴文书写。用哥巴文书写的一般的东巴经很少，比较常见的有《燃灯经》《求取占卜经》《卢神启程》等。用哥巴文书写的经典一定会有东巴文版，反之，用东巴文书写的经典不一定有哥巴文版。

从仪式上来看，祭什罗和大祭风仪式上使用的经书，很多都有哥巴文版。因为祭什罗仪式上经常会用到咒语类的经典，这种经书用哥巴文书写比较方便。至于大祭风仪式上使用哥巴文经书，可能是因为大祭风仪式产生比较晚的缘故。李霖灿也提到，他收集的哥巴文经书《么些族占卜起源的故事》就属于大祭风仪式。我们还可见到哥巴文版的《鲁般鲁饶》。

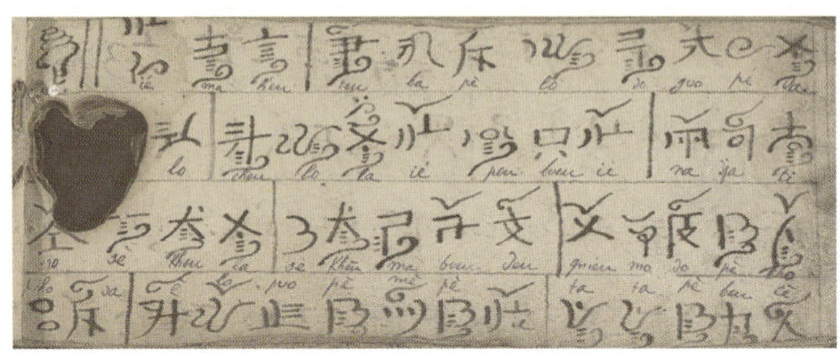

> 巴克收集的《什罗忏悔经》首页

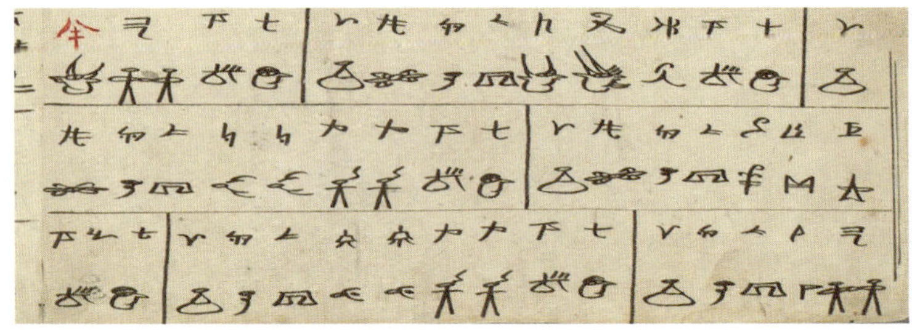

> 哈佛藏东巴经，东巴文与哥巴文对照书写

《燃灯经》一般以东巴文写本居多，哥巴文的写本很少。由巴克收集的《燃灯经》是现存年代最早的一部纯粹哥巴文写本，是民国时期由大东巴和凤书手书的。1911年法国学者巴克在东巴的帮助下翻译了这部经书。因此，正文第1页用铅笔在每一个符号旁边标有音标。《燃灯经》是东巴教超度死者使用的经书，主要内容是：祭祀人家的人去世后，家人请来祭司讲述油灯的出处和来历，并给死者点用动物油和植物油制作的油灯，让

灯光一直照亮死者将前往的地方，照亮神的天空。

法国汉学家考狄在《么些》一文中首先刊布了3节《燃灯经》的译文。

Transcriptions de M. Bacot.

I.

Che　de　neu　la　ken　cheu　dzeu ||
Ce　ici　ciel　montagne　étoiles　toutes　[sortent]
此　地　天　星　此　出
ts'e　tí　t'ien　sing　ts'e　tch'ou

ken　dzeu　che　gnié　guen
étoiles　toutes　aujourd'hui　belles
星　出　此　日子　好
sing　tch'ou　ts'e　je　tse　hao

de　la　jen　che　iu
de terre　les plantes　sortirent
地　草
tí　ts'ao

> 巴克《燃灯经》译本

译文分4行，自上往下，第1行为每个符号所对应的纳西语音标；第2行是每个符号所对应的法语词义；第3行是每个符号所对应的汉字；第4行是第3行汉字的拉丁字母音标。巴克在《么些研究》中对所刊布的5页《燃灯经》经书进行了翻译，但其翻译模式与考狄刊布的不同。

《么些研究》中《燃灯经》的翻译模式如下：

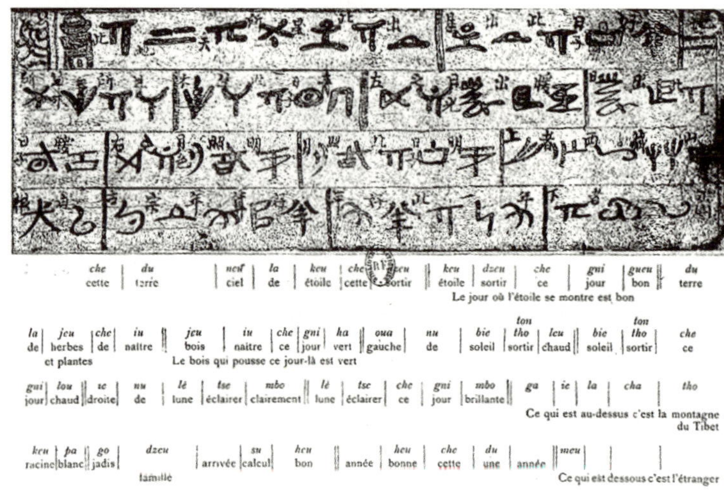

> 巴克《燃灯经》第1页译本

译文与经书图片相对照，经书图片居于译文上方。译文的格局与经书图片的格局相同。每个符号的译文用单竖线隔开。小节用双竖线隔开。译文分成3行，自上而下，第1行是符号所对应的纳西语音标；第2行是单个符号的意义；第3行是一句话的意义。巴克的《燃灯经》译本分别对应经书的第1、2、4、5、7页。

总体来讲，巴克的译本基本正确，但是仍存在一些问题，主要有以下两点：

(1)由于巴克不懂纳西语，他只有先请东巴将纳西语译作汉语，再将汉语译作法语，中间产生一些错误。比如，第2页第4节[Dongba glyph]、[Dongba glyph]两个字，旁边的汉字注“中国”，巴克就将它译作法语

“Chine”，指整个中国之地。实际上这两个字读作 $dzi^{33}dzɿ^{21}$，意思是“人住”。还有第7页第14节、这两个字，旁边汉字注“护法名”，巴克的音标是 me dɑ，对译作 protéger /foi（保护/信仰）。实际上这两个字读作 $be^{21}dæ^{21}$，是一个战神的名字。旁边的汉语注释没有错，但是巴克翻译的时候出现了错误。同时巴克对的注音也是错的。

（2）中间漏译了一些内容，使得整个译本令人费解。比如，漏译了第2页的前6个字和最后4个字。9~11节有些音节没有标出。意译的只有第2、3、4、9、12节。第9、12节没有对译。

（3）注音随意性大，比如，第5节和第6节中都有“暖”这个词，但是一个标的是leu，另一个标的是lou。

我们以丽江大研镇的音系为标准，将这部经书用国际音标重新标音，又参考和志武的《东巴经典选译·邦米致》的汉译本重新翻译，全文共25页，本节选了前4页。

第1页

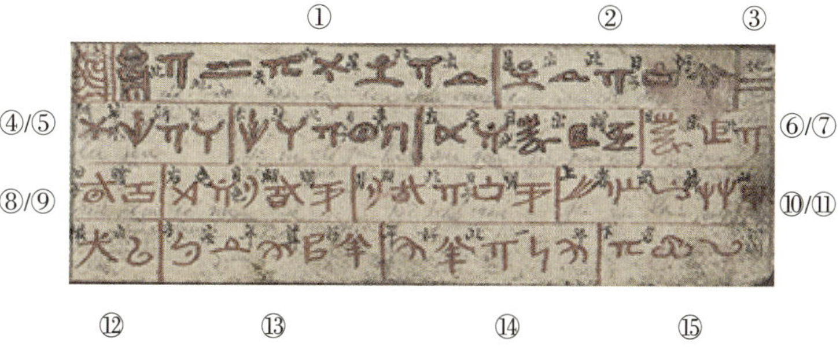

(1) tʂhʅ^{33}dy^{21}mɯ^{33}lɑ^{33}kɯ^{21}tʂhʅ^{33}dzʅ^{21}，(2) kɯ^{21}dzʅ^{21}tʂhʅ^{33}ȵi^{33}ɣɯ^{33}。
这 地 天 也 星 这 生 星 生 这 日 好

(3) dy^{21} (4) lɑ^{21} ʐə^{21}tʂhʅ^{33} y^{21}，(5) ʐə^{21}y^{21}tʂhʅ^{33}ȵi^{33}hər^{21}。(6) uæ^{33}
地 也 草 这 生 草 生 这 日 绿 左

nɯ^{33} bi^{33} thv^{33}lv^{21}，(7) bi^{33}thv^{33}tʂʅ^{33} (8) ȵi^{33}lv^{21}；(9) i^{21}nɯ^{33}le^{21}tʂhe^{55}bu^{33}，
(助)日 出 暖 日 出 这 日 暖 右(助)月 光 亮

(10) le^{21}tshe^{55}tʂhʅ^{33}ȵi^{33}bu^{33}。(11) gə^{21} i^{33}lɑ^{33}sɑ^{21} to^{55} (12) khɯ^{33}phər^{21}
月 光 这 日 亮 上(助)拉萨 山 脚 白

(13) gv^{33}dzɿ^{21}khv^{55}tsɿ^{21}ɣɯ^{33}，(14) khv^{55}ɣɯ^{33}tʂhʅ^{33}dɯ^{33}khv^{55}；(15) mɯ^{21}i^{33}
藏族 年 算 好 年 好 这 一 年 下(助)

bv^{33}
羊

译文：①此地天上出明星，②择星今天吉；③④大地长绿草，⑤草色今日青。⑥左边出太阳，⑦⑧日出今天暖；⑨右边出月亮，⑩月出今夜亮。⑪⑫上头拉萨白山脚，⑬藏族善算年，⑭今年是好年；⑮下方

第2页

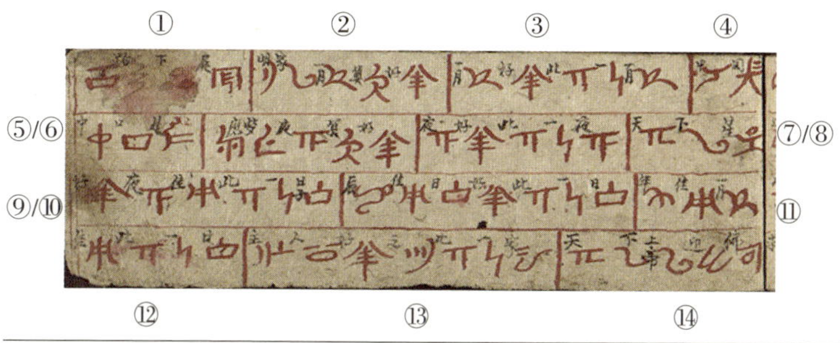

（1）lv^{55}ʐʅ^{33}zɑ^{21}mæ^{33}，（2）le^{33}bv^{33}he^{33}tsʅ^{21}ɣɯ^{33}，（3）he^{33}ɣɯ^{33}tʂhʅ^{33}dɯ^{33}
牧 路 下 尾 白族 月 算 好 月 好 这 一

he^{33}；（4）dzi^{33}dʐʅ^{21}（5）ly^{55}gv^{33}o^{21}，（6）nɑ^{21}ɕi^{33}hɑ^{55}tsʅ^{21}ɣɯ^{33}，（7）hɑ^{55}ɣɯ^{33}
月 人 住 中间 集 纳西 日 算 好 日 好

tʂhʅ^{33}dɯ^{33}hɑ^{55}。（8）mɯ^{33}bv^{21}kɯ^{21}（9）ɣɯ^{33} hɑ^{55}ɣɯ^{33}tʂhʅ^{33}dɯ^{33}ȵi^{33}。
这 一 日 天 下 星 好 日 好 这 一 日

（10）zy^{21}ɯ^{33}ȵi^{55}ɣɯ^{33}tʂhʅ^{33}dɯ^{33}ȵi^{33}。（11）khv^{55}ɣɯ^{33}he^{33}（12）ɣɯ^{33}tʂhʅ^{33}dɯ^{33}
星 好 日好 这 一 日 年 好 月 好 此 一

ȵi^{33}。（13）i^{33}dɑ^{21} ɣɯ^{33}me^{33}tʂhʅ^{33}dɯ^{33}dʑi^{24}。（14）mɯ^{33}bv^{21}phər^{21}tsʅ^{33}dʐər^{21}
日 主人 好 的 这 一 家 天 下 盘神 迎接 威灵

译文：①牧羊路之尾，②白族善算月，③今月是好月。④⑤住人中央富饶地，⑥纳西善算日，⑦今日是吉日，⑧⑨今天天上择星合吉日，⑩今天择辰看星合吉日，⑪⑫好年、好月、好日是今天。⑬善者主人这一家，⑭今天要请去天上盘神和威灵。①

第3页

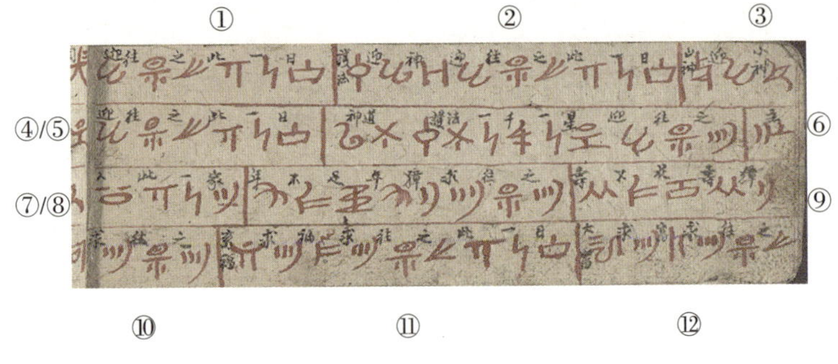

（1）tsɿ^{33}bɯ^{33} gə^{33}tʂhʅ^{33}dɯ^{33}ȵi^{33}。（2）gɑ^{33}tsɿ^{33} u^{33} tsɿ^{33} bɯ^{33} gə^{21} tʂhʅ^{33}

迎接 去 的 这 一 日 嘎神 迎接 吾神 迎接 去 的 这

dɯ^{33}ȵi^{33}。（3）o^{33}tsɿ^{33} he^{33}（4）tsɿ^{33}bɯ^{33}gə^{21}tʂhʅ^{33}dɯ^{33}ȵi^{33}。（5）phər^{21}lɑ^{21}

一 日 窝神 迎接 恒神 迎接 去 的 这 一 日 盘神 也

gɑ^{33}lɑ^{21}dɯ^{21}tv^{21}dɯ^{21}kɯ^{33}tsɿ^{33}bɯ^{33}me^{33}。（6）i^{33}（7）dɑ^{21}tʂhʅ^{33}dɯ^{33}dʑi^{24}。

嘎神 也 一 千 一 万 迎接 去 的 主人 这 一 家

---

① 这一节与下一页的第一节合在一起翻译。

（8）khv^{55}mə^{33}lv^{33}khv^{55}le^{33}me^{21}bɯ^{33}me^{33}。（9）zɿ^{33}mə^{33}lv^{33}zɿ^{33}le^{33}（10）me^{21}

年 不 足 年 也 求 去 的 寿 不 足 寿 又 求

bɯ^{33}me^{33}。（11）nɯ^{21} me^{21}o^{33} me^{21}bɯ^{33}gə^{21}tʂhʅ^{33}dɯ^{33}ȵi^{33}。（12）hɯ^{21}me^{21}

去 的 福 求 财 求 去 的 这 一 日 富 求

hər^{33}me^{21}bɯ^{33}gə^{21}。

玉 求 去 的

译文：②迎接嘎神和吾神的这一天。③④迎接窝神和恒神的这一天。⑤去迎接成千上万的盘神和嘎神。⑥⑦主人这一家。⑧年不足的去求年。⑨⑩寿不足的去求寿。⑪去求福求财的这一天。⑫去求富裕求贵的这一天。

第4页

① ② ③

④/⑤ ⑥

⑦/⑧ ⑨

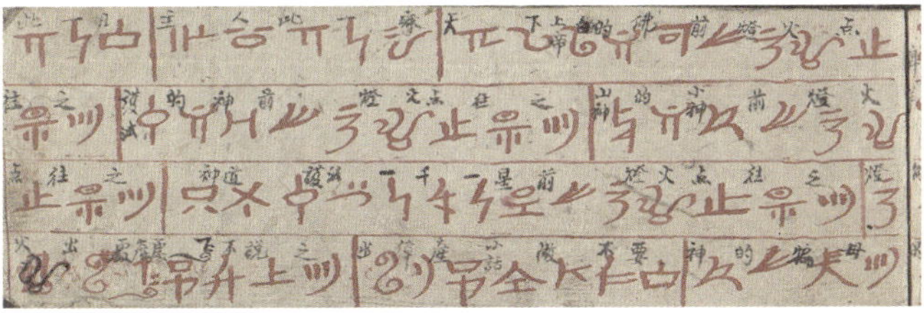

⑩ ⑪ ⑫

（1）tʂhʅ^{33}dɯ^{33}ȵi^{33}。（2）i^{33}dɑ^{21} tʂhʅ^{33}dɯ^{33}dʑi^{24}。（3）mɯ^{33}bv^{21}phər^{21}nɯ^{33}

这 一 日 主人 这 一 家 天 下 盘神 和

dzər^{21}gə^{21} bæ^{33}mi^{33}tʂʅ^{55}（4）bɯ^{33}me^{33}。（5）gɑ^{33}nɯ^{33}u^{21}gə^{21}bæ^{33}mi^{33} tʂʅ^{55}
威灵 前 油灯 点 去 的 嘎神 和 吾神 前 油灯 点

bɯ^{33}me^{33}。（6）o^{21}nɯ^{33}he^{21}gə^{21} bæ^{33}mi^{33}（7）tʂʅ^{55}bɯ^{33}me^{33}。（8）phv^{33}lɑ^{21}
去 的 窝神 和 恒神 前 油灯 点 去 的 普拉神

gɑ^{33}lɑ^{21}dɯ^{33}tv^{21}dɯ^{33}kɯ^{33}gə^{21}bæ^{33}mi^{33}tʂʅ^{55}bɯ^{33}me^{33}。（9）（10）bæ^{33}mi^{33}
胜利神 一 千 一 万 的 油灯 点 去 的 油灯

thv^{33}kv^{33}pɯ^{55}kv^{33}ə^{33}ʂər^{55}me^{33}。（11）thv^{33}le^{33}pɯ^{55}dzo^{21}be^{33}mə^{33}n̠i^{21}。
出 处 来历 处 以前 的 出处 和 来历 事 做 不 要

（12）he^{24}gə^{33}dzʅ^{21}me^{33}
恒神 的 犏牛 母

译文：②主人这一家，③④向天上的盘神和威灵献灯。⑤向嘎神和吾神献灯。⑥⑦向窝神和恒神献灯。⑧向千千万万众神护法神献灯。⑨⑩未知灯火之历史，⑪莫去点灯火。

这4页经文一共54节，267字记录了267个音节，完全做到一字一音，逐词记录。没有出现一符多音的情况，但是出现了一音多符的情况。比如lɑ用和两个字符记录；ɣɯ^{33}用和两个字符记录。

第五编

哥巴文字改革

一、哥巴文的不足

伊斯特林认为，纯音节文字不可能在表词文字或意音文字内部产生，一般都要借用其他民族的文字符号，可以不管这些符号本来的意义，然后赋予它们新的意义。如果一个民族既创制了一套意音文字，又发明了一套音节文字，那么音节文字中必定有相当一部分符号来源于意音文字。这样的音节文字的符号有些还残留着表意的成分，很难成为纯的音节文字。同时伊斯特林也谈到由意音文字发展出音节文字也是有可能的，但是这种文字表现出先天不足。关于起源于表词字的音节文字的特点，伊斯特林指出："第一，几乎所有这些文字体系(除塞浦路斯文字外)都残留着一些表词字，这些表词字有时独立使用，有时作定义符号；第二，这些文字的音节符号的归类和写法有很大的偶然性，不够规则，而且有比较多的(作为一种后果)不同符号；第三，符号用来表示的音节有相同的辅音(如 ba，bo，be，bi)或者元音(如 ba，ra，ka，ta)，这些符号没有统一的字形结构，也没有把它们联合在一起的共同的字形特点。"①

哥巴文作为一种音节文字，是从东巴文中发展出来的，而且还处于音节文字的早期阶段，很难完全摆脱东巴文的束缚，因此在字形、读音等方面都存在很多不足。方国瑜和李霖灿对此都有所论述。方国瑜指出："标音文字字无定形，形体复杂。……

① 伊斯特林：《文字的历史》，中国国际广播出版社，2018年，第155页。

再者，变更字形，最为普遍。……三是同一音用数字。……四是近音字可通用。”[①]纯粹用哥巴文书写的经书数量少且异体众多，很多大东巴对于释读哥巴文文献也感到很头疼。

李霖灿说：“音字是最近才出现的，还正在草创试验的时期，所以便有许多不完备的现象给我们看到。如写法的不规则，字音的不足用，声调的不确定和附加符号的不合理等，这都是使人感觉到杂乱和困难的。”[②]哥巴文的不足主要体现在以下几个方面。

1. 一符多音

哥巴文分布在丽江及周边地区和鲁甸的一些地域，宝山、鸣音、大东一带虽然也有零星的哥巴文字符出现，但并不集中。就丽江和鲁甸这两个地区来看，哥巴文的读音也有着一些差异。在抄写经典时，虽然各地所记录的内容大致相同，但是在读音方面也不尽相同。这种现象反映在哥巴文上，就会出现一符多音的现象。有时候会出现一个符号读两个相近的读音，有时候一个符号读两个差异比较大的音。第一种现象属于音近通用；第二种属于同形字。

---

① 方国瑜编撰，和志武参订：《纳西象形文字谱》(3版)，云南人民出版社，2005年，第76-77页。

② 李霖灿：《么些象形文字字典·么些标音文字字典》，台湾文史哲出版社，1972年，第3页。

音近通用

哥巴文的音近通用来源于东巴文。东巴文有假借字，假借字并不要求读音必须相同，音近也可以假借。这种现象传递到哥巴文就出现哥巴文的音近通用。东巴文字符可以直接表意，音近假借是可以接受的，但哥巴文字符本身不表意，它必须与读音紧密连接，当哥巴文的读音不固定时，必将造成文字使用的混乱。所以，音近通用说明哥巴文没有完全脱离东巴文的藩篱。

比如，（dʑi^{21}水）可以假借作tɕi^{33}“放置”。纳西语中，“水”和“放置”的区别在于声母，“水”是浊音，“放置”是清音。两者音近，可以假借。因为并不与dʑi^{21}直接连接，而是通过字符表现出来的意义“水”来表词。如果哥巴文既读tɕi^{33}，又读dʑi^{21}，就会让使用者感到迷惑。因为绝大多数人很难将直接与“水”联系在一起。

在哥巴文经书《大祭风·迎请卢神》中存在这种现象，举例如下：

序号	哥巴文	读音及意义1	读音及意义2
1		主人i^{33}dɑ^{24}的第二个音节	神名mi^{33}mɑ^{21}se^{21}de^{55}米麻沈登的第四个音节
2		dzæ^{33}骑	dzæ^{21}獠牙
3		tso^{33}卜具phɑ^{21}tso^{33}的第二个音节	tʂo^{55}架（桥）

续表

序号	哥巴文	读音及意义1	读音及意义2
4		tɕi^{33}放	dʑi^{21}水
5		tɕi^{21}云	tɕhi^{21}麂子
6		tʂhu^{21}轻	tshu^{21}快
7		tʂhuɑ^{55}鹿	tʂuɑ^{21}男
8		zɿ^{33}人	nɑ^{21}zʘo^{33}纳人的第二个音节
9		iɑ^{33}kæ^{21}丈夫的第一个音节	ɪə^{33}给
10		ho^{55}祝愿	hu^{21}夜
11		khu^{33}口	khuə^{55}场面

同形字

如果一个字符存在两种或两种以上不同的读音，且这几个读音之间没有联系的话，我们只能将它们看作同形字。大量同形字的存在势必会造成文字使用的混乱。

在《么些族占卜起源的故事》中出现一符多音的情况，举例如下：

序号	哥巴文	读音	
1		phe^{33}	kɯ^{55}

续表

序号	哥巴文	读音	
2		tʂhu^{21}	mə^{33}
3		thv^{33}、thv^{55}	bɯ^{33}
4		zi^{33}	le^{33}
5		ndʐɯ^{21}	ʐər^{31}
6		ə^{21}、ə^{33}、ə^{55}	e^{55}
7		phu^{55}	kɑ^{55}
8		dzi^{33}	mɑ^{31}
9		ndzɯ^{33}	ŋgu^{31}

2. 一音多符

一音多符是音节文字字符数大幅增加的主要原因之一。哥巴文的一音多符可以分为两种情况：一种是一字之异写；另一种是来源不同，字形差异较大。由于哥巴文都是手写体，且没有经过规范，所以，理论上讲，不同的人写同一个字或同一个人在不同的时间写同一个字都会有差别，但是这是可以接受的，一般这些字的差异不大。如：与，与。而来源不同的哥巴文字符，是由于东巴分头造字，又没有统一规范的结果。如：和都读le，两字的来源肯定不同。

在《么些族占卜起源的故事》中出现一音多符的情况，举例如下：

序号	读音	哥巴文	意义
1	pɯ	[illegible]	“出处”的第一音节;本事;法;生出;出来
2	bɯ	[illegible]	去;要;要来;来;要么;么
3	tɑ	[illegible]	挡;只是;“打伙”的第一音节;
4	thɑ	[illegible]	塔;得;住
5	ndo	[illegible]	笨;爬;扑;跌
6	dy	[illegible]	地

3. 字形因地、因人而异

虽然哥巴文的应用地区并不广,但是哥巴文的地区差异却很大,程度甚至超过了东巴文。主要原因在于东巴文始终有一个所象之物,所有东巴在写字时心中都会有那个字的形象,所以写出的字形相差不远。而哥巴文脱离了象形文字的束缚,犹如脱缰的野马,字形变得千奇百怪、五花八门。再加上有些东巴为了显示自己的才能,经常会临时造一些新字,这些字如果得不到大多数东巴的承认,就不能正式进入哥巴文的文字系统。

如在《和芳致和志武的信》中和芳就新造了两个哥巴文字符[illegible]、[illegible],新借了两个汉字“文”和“先”。如果其他东巴来解读这封信,可能就会产生困难。

又如，哥巴文借汉字“上”记录ʂə的音，刚开始还能保持“上”字的原样，但是后来慢慢发生变形，有的写成□，有的写作□。在《么些族占卜起源的故事》中□出现58次。《求取占卜经》中□出现10次。□、□慢慢取代“上”成为正体，人们就不知道□、□与“上”的关系了。

李霖灿在《么些族文字的发生和演变》中提道：“这册经典（按，指《么些族占卜起源的故事》）中有一个语尾助词的[se˩]写成不挑勾的‘了’字，这本是若喀地区的一个形字，北地以下这字就舍去不用，如今远隔数百里忽然形、声、义，三者俱同的又出现在音字中，这可能是和文裕干的事，因为这两地多巴不相来往已经很久，只有和文裕为了研究经典曾到这里走过一趟。”[①]在《么些族占卜起源的故事》中，□出现了26次，这就是李霖灿在文中所提到的特殊字形。

4. 附加符号不合理

哥巴文中同一个字会出现附加符号，但是这些附加符号并不区别意义。如：

(1) □→□、□

(2) □→□

(3) □→□

① 李霖灿：《么些族文字的发生和演变》，载《么些研究论文集》，台北故宫博物院，1984年，第80页。

(4)

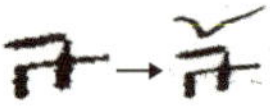

(5)

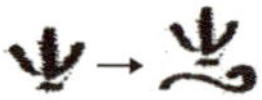

这种现象，纳西语称为gə^{21}bɑ^{33}kv^{33}tər^{55}tər^{33}。分开解释：gə^{21}bɑ^{33}即哥巴文，kv^{33}是头，tər^{33}是结，tər^{55}tər^{33}是打结；合起来的意思是“头上打结的哥巴文”。李霖灿认为，这种附加符号可以分成两类，一类是受汉字的影响，另一类是受藏文的影响。对于哥巴文添加附加符号的原因，李霖灿说：“这一些符号虽然花样繁多，又可以随意的加在那一个音字上（除了极少数的例外），但是它实在是一无用处的。大约‘多巴’们初由形字变音字，便觉得音字的面貌好像是太朴素了 点，因此正如他们所说的：‘这是为音字增加一点花草。’。”[①]这种方式并不能产生新的字符，只能产生更多异体字，增加了记忆负担。

5. 某些音节没有相应的哥巴文字符

纳西语中的某些音节没有相应的哥巴文字符。如《谱·标音文字简谱》共有257个音节，其中41个音节没有列出哥巴文字符。李霖灿说：“有时形字中有的字音，在音字中仍是没有。这却只表示这样读法的音字还没有给我们见到，并不是么些族的音韵系统中没有这样的读音。也许不久多巴们会由于实际的需要，另外创造出新的音字来，至于现在，他们遇到音字没有

① 李霖灿：《么些象形文字字典·么些标音文字字典》，台湾文史哲出版社，1972年，第4页。

办法写时，就直接用形字来顶替，这种例子曾经给我们见到了不少。”[①]所以，这些没有字符的音节可能在纳西语中很少被用到，所以还没造出来。另外，对于没有专用字符的音节，可以采用音近通用的方法来解决，但这也正说明哥巴文还处于初创阶段，文字系统还不够完善。

6. 不区分声调

纳西语是一种有声调的语言，一共有四个调，即高平调、中平调、低降调和低升调。作为音节文字的哥巴文不标声调，有些字的意思只能根据上下文的语境来判断。李霖灿说东巴们在读经书时，早已养成了随时变换字音的声调以求迎合经文情节的本领，所以认为这样详细的区分是不需要的。[②]哥巴文还处于声调不固定的阶段，这与经典的性质有很大关系。无论是东巴文经书还是哥巴文经书，都是用来诵读的，而东巴祭司经过长期的训练，早已将经书内容烂熟于心，因此经书只是起提示性的作用，不需要一字一音去死记硬背，这就导致经书中的字符没有严格区分声调。东巴文经书中的假借字很普遍，无论什么字，都可以借来记录与其读音相同或相近的词，只有根据具体语境才能确定出被借后代表的词义。哥巴文声调的不确定

---

① 李霖灿：《么些象形文字字典·么些标音文字字典》，台湾文史哲出版社，1972年，第3-4页。

② 李霖灿：《么些象形文字字典·么些标音文字字典》，台湾文史哲出版社，1972年，第4页。

性与东巴文经书中的假借字是同一个道理。

哥巴文在发展的后期逐渐开始出现某字形固定表某声调的现象。李霖灿在编纂《么些标音文字字典》时，就仔细分辨了字音的声调是否已经凝固。如某字形已经固定表示某声调字，则放在某项声调的后面，若还没有固定，就放在读音总条的后面。如 ʐwɑ^{31}，量东西、数一数、点一点、拾得、除草，李霖灿在此字后括注“ʐwɑ 常单用此音字”；同时也在有意识地分化声调，如 mo，当读 31 调时写成 ，读 33 调时则在其下加一横，成 。

此外，还有一些哥巴文字符有从字形上区分声调的趋势，如：

（1） tshɿ^{21}鬼， tshɿ^{33}吊死。

（2） nɯ^{33}心， nɯ^{21}卷角羊。

（3） kv^{33}蛋， kv^{21}下（蛋）， kv^{55}会。

（4） sɿ^{21}署神， sɿ^{55}茅草， sɿ^{33}披毡。

（5） tshər^{33}热， tshər^{55}切。

（6） sər^{33}木， sər^{55}肝。

但是，这些都是在小范围内的尝试，并未大范围地推广实行。

二、文字改革运动

1. 文字改革的背景

20世纪二三十年代，在丽江掀起了一场的文字改革运动，改革的主要目的是统一和规范东巴文和哥巴文的字形，改革的发起人和实施者是一批具有远见卓识的东巴，他们为东巴文和哥巴文的规范化作出巨大贡献。虽然这场改革最终没有成功，但它仍是哥巴文发展史上的大事件。

这场文字改革运动既有外部环境的影响，又有内部的需求，是内因和外因共同作用的结果。外部环境对于这场文字改革具有促进作用，因此这场文字改革背后有深刻的时代背景。

19世纪中叶以后，在日渐腐朽的清王朝的统治下，当时的中国危机四伏，清朝统治者既无法缓和国内矛盾，又无力抵抗西方侵略者的入侵。西方列强在对海外殖民地分割完毕之后，又掀起一股世界性的“考古探险潮”。在加紧侵华的大背景下，大批西方传教士、探险家和政府官员涌入中国西南地区。他们怀着各自不同的目的在该地区进行所谓的勘探、考察，其中以法国人为主。原因有二：其一，法国当时正加紧在亚洲的殖民扩张。1885年，中法签订《中法会订越南条约》，承认法国是越南的宗主国，最终法国实现对越南的全面控制，为其进入云南提供了便利条件，法国也比其他西方国家具备了更多的优势。

加之《北京条约》《天津条约》等不平等条约的签订，法国人在华获得更多的特权，在帝国主义的庇护下，传教士、探险家对西南地区开展了大量实地调查。其二，自19世纪以来，整个法国社会都对东方充满向往，这种对东方的热情和幻想也为法国汉学研究的深入和发展推波助澜。法国东方学的全面发展特别是汉学研究的繁盛，催生了一系列汉学研究机构和学术期刊，为法国汉学研究的发展提供了专业的机构和学术成果的交流平台。此外，相关学术会议的召开，推动了研究人员的相互交流和合作。法兰西学院举办的汉学讲座和巴黎东方语言学院开设的汉语课程也为法国的汉学研究培养了大批不同层次的人才。随着法国汉学研究的日趋成熟，研究领域逐渐从中原地带延伸到边疆地区，从汉族扩大到中国各个少数民族。

此时法国学者亨利·奥尔良、波宁、巴克纷纷来到纳西族地区考察，收集东巴经，并聘请东巴为他们翻译经书。1897年，波宁出席了在法国巴黎举行的第11届国际东方学家大会，并提交了《么些手抄本笔记》一文，首次发表了东巴经的法语译本。1898年，亨利·奥尔良在《从东京湾到印度》一书中还刊布了8页东巴经图片，并翻译了这8页经书。1913年，巴克出版《么些研究》。1927年，美国学者洛克也来到丽江，在玉龙山脚下开始潜心研究东巴文献，并发表了一系列文章。这些论著在一定程度上刺激了国内学术界，汉族学者刘半农、闻宥、李霖灿开始组织或从事东巴文研究。1932年，著名学者刘半农看到巴克的《么些研究》后嘱咐自己的纳西族学生方国瑜回乡调查东巴文，方国瑜最终完成《纳西象形文字谱》。1937年，语言学家闻宥发表第一篇东巴文研究论文《么些象形文之初步研究》。1940年，从杭州艺专毕业的李霖灿也来到丽江，开始了他的东巴文调查研究。也正是中外学者的关注和研究，在客观上促进了东巴对于东巴文和哥巴文的反思，促进了文字的改革。

2. 20世纪初和凤书编写《学习哥巴文之书》

随着东巴文化在民间的兴盛，东巴教的影响力不断增强。由于山川阻隔，各地东巴疏于交流，造成各地东巴文和哥巴文的书写出现巨大分歧，这严重阻碍了东巴教的发展。哥巴文还不成熟，在发展过程中，出现一字多音、一字多形的情况，文字使用十分混乱，这时有一些有识之士想予以整理。其中包括和凤书、和泗泉和和学道等人。

早在清末，个别东巴就已经开始意识到要统一和规范文字，于是自发地编写东巴文与哥巴文对照书。其中最具代表性的是和凤书。

20世纪初，法国学者巴克搜集到一本东巴文与哥巴文对照书写的经书，书名叫《学习哥巴文之书》。

《学习哥巴文之书》纳西语读作$gə^{21}bɑ^{21}so^{21}the^{33}ɯ^{33}uɑ^{21}me^{33}$。该书为1册，共8页，正文6页。幅面为9.3厘米×28.8厘米。封里写有汉字“和凤书”，是由丽江大研镇祥云乡庆云村和凤书撰。东巴文与哥巴文对照书写。每页分3行。旧抄本。本色构皮纸，线订册叶装，墨书。现藏于法国东方语言学院图书馆。

该书是东巴文与哥巴文的对照表。《么些研究》中刊布了《学习哥巴文的书》的4页，其中封面1页，正文为第1、3、5页。

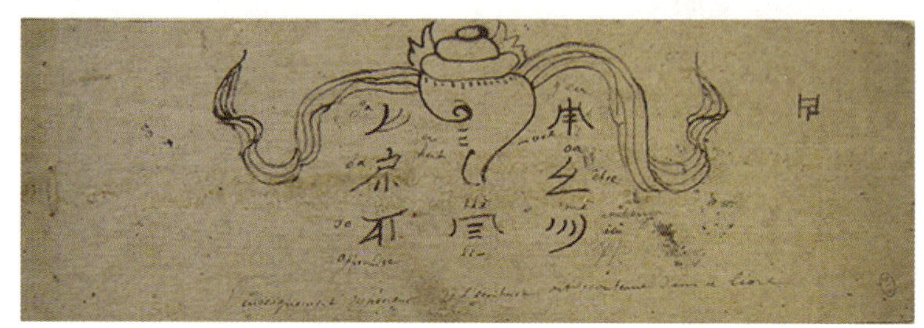

>《学习哥巴文之书》封面

封面用哥巴文书写，翻译如下：

gə^{21} bɑ^{21} so^{21} the^{33} ɣɯ^{33} uɑ^{21} me^{33}。

哥巴 学 书 是 的

译文：是学习哥巴文的书。

第一页的左侧画了一个东巴在读书，旁边有7个哥巴文。一般第一页的插图跟经书的内容相关。

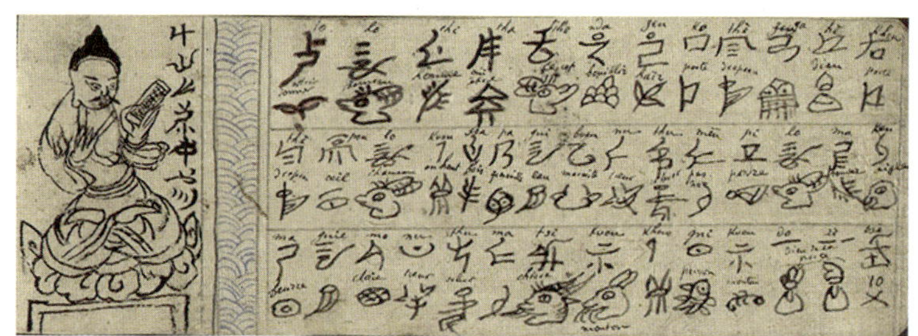

>《学习哥巴文之书》第一页

翻译如后：

ʂʅ^{55} lo^{33} gə^{21} bɑ^{21} ly^{21} lɑ^{33} me^{33}。

什罗　哥巴　看(感叹词)

译文:什罗的哥巴弟子看的书。

由此可见,这是丁巴什罗写给哥巴弟子看的书。

该书的内页写有繁体汉字“和凤书”。关于和凤书其人,李国文在《人神之媒——东巴祭司面面观》中记述:和凤书东巴,丽江县大研镇庆云村(纳西语“汝吕肯”)人,1877年生,1952年卒。其家传有家谱,其中述:“吾太始祖自幼从宗教,具有用之才能,原籍南京应天府,迁移至丽江,是以吾丽土司乔木世家,特聘为祭天之主师,而充任多宝会之会长之职,足见吾太始祖有将才也。”据说他曾到中甸白地阿明什罗灵洞烧天香和求威灵,历代为木氏土司的祭天和大年初一祭神富笃术的主持祭司。清宣统元年(1909),丽江木氏土通判给过和凤书、和凤阳一块题有“精明教宗”的匾额;又据说清代官府还曾赐过题有“金铃四方”的匾额。和凤书是民国时期丽江县政府和东巴教徒之间的联系人,是丽江县东巴会的会长,以擅长执掌东巴教“祭风道场”而闻名,不仅在大研镇一地,他还曾到过丽江大东、宝山、鸣音及宁蒗的拉白一带主持祭风仪式,亦曾参加过美国学者洛克邀请的祭风仪式。他还懂得哥巴文,有鸣音、宝山的年轻东巴曾求师其门下。1947年和凤书曾参加在丽江满子书白岩山下、汝南化“什罗灵洞”举行的巨型法会,在一百多名东巴的跳神大典中,他排在首位表演了一轮东巴神舞。1950年春，先生作为纳西族东巴教代表，参加了专区各族各界代表会议，在欢迎中央民族访问团的数万人大会上，曾列席主席团。数十名各地来的东巴们，也在大会上表演了东巴舞。[①]

木琛在《丽江市博物馆藏〈纳西象形文、格巴文对照字汇〉雕版述略》一文中记述：外地来的学者们认为，古老的东巴经典很有研究的价值，但有的文字各地写法、读法不一致，便对丽江的东巴们提出整理统一文字的建议。丽江东巴会会长和凤书召集了坝区和南山（今太安、南溪、前山、后山一带）部分著名东巴在他家商议此事，决定以雕版印刷的方式进行文字统一，由木刻经验丰富的和泗泉、和学道负责刻版。刻印分两步进行：先刻象形文、哥巴文对照字汇，再刻所有象形文的标准字范。

和凤书是学识渊博的大东巴，同时又是丽江东巴会的会长，所以由他主持统一规范哥巴文的工作。该书很可能就是为了统一文字做的前期工作。

我们整理《学习哥巴文之书》后发现，该书共收东巴文298字，哥巴文306字（有些东巴文一个对应多个哥巴文）。如果不计重复，共收东巴文182字，哥巴文192字。我们将其与《谱·纳西表音文字简谱》进行对照发现，该书一共记录了126个音节。这本《学习哥巴文之书》并没有做到完全一字一音，但仍然对哥巴文规范化作出了贡献。一字一音的有89个，占到总数的71%，二字一音的有28个，占到总数的22%。

① 李国文：《人神之媒——东巴祭司面面观》，云南人民出版社，1993年，第225-226页。

（1）多数做到一字一音。我们以往在字词典中看到的一个音节对应几个或者十几个符号的情况，在该书中没有出现。作为一种音节文字，必须做到一个音节对应一个符号。从整个文字体系来看，哥巴文的字形已经高度抽象化，因此在使用过程中必须做到绝大多数的音节都只用一个符号表示，这样才能在使用过程中不出现混乱的情况。

（2）存在一个音节对应两个或两个以上哥巴文字符的情况。例如，对应和；对应和；对应、和；对应和；对应和；对应和；对应和；对应和；对应和；对应和。一种音节文字的主体是一音一符的，则少数的音节对应两个或三个符号，文字系统是可以容忍的。

（3）随意性较大。我们发现这并不是一本严格的东巴文与哥巴文对照表，因为有些字会反复出现，比如、、等。我们认为，这可能是和凤书在抄写经书时随手记下的。这些材料是没有经过整理的，因此，才会呈现出我们现在看到的这个样子。

整理示例如下：

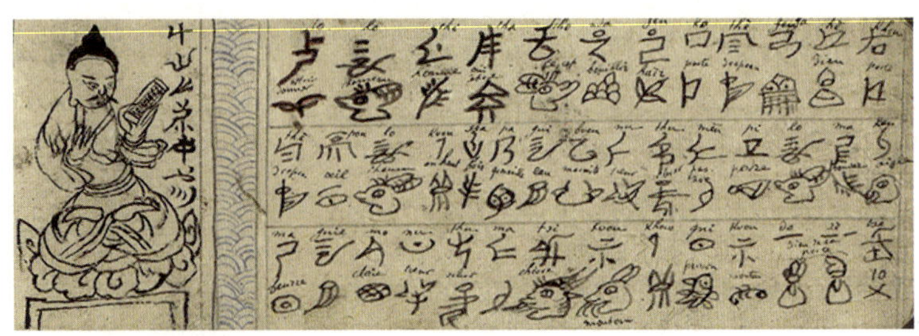

>《学习哥巴文之书》第一页

编号	哥巴文	东巴文	读音	意义
1-1-1①			iə^{33}	烟叶
1-1-2			lo^{21}	黑麂
1-1-3			ɕi^{21}	稻子
1-1-4			thɑ^{55}	塔
1-1-5			lo^{21}	黑麂
1-1-6			dər^{21}	泡沫
1-1-7			zɿ^{33}	山柳
1-1-8			khu^{33}	门
1-1-9			the^{33}	旗帜
1-1-10			gæ^{21}	甲胄
1-1-11			he^{21}	神
1-1-12			khu^{33}	门
1-2-1			the^{33}	旗帜
1-2-2			phu^{33}	一只(眼)

① 这个编号中第一个数字是页码,第二个数字是行号,第三个数字是文字在这一行中的序号,后同。

续表

编号	哥巴文	东巴文	读音	意义
1-2-3			lo^{21}	黑麂
1-2-4			kv^{33}	蒜
1-2-5			sɑ^{33}	麻
1-2-6			pɑ^{33}	蛙
1-2-7			dʑi^{21}	水
1-2-8			bv^{33}	锅
1-2-9			nɯ^{33}	心
1-2-10			tɯ^{33}	起(身)
1-2-11			mə^{33}	不
1-2-12			phi^{21}	腿
1-2-13			lo^{21}	黑麂
1-2-14			mæ^{33}	尾巴
1-2-15			kə^{55}	鹰
1-3-1			mɑ^{21}	酥油
1-3-2			dʑi^{21}	水
1-3-3			mu^{21}	簸箕
1-3-4			nɯ^{33}	心
1-3-5			tɯ^{33}	起(身)
1-3-6			mə^{33}	不

续表

编号	哥巴文	东巴文	读音	意义
1-3-7			tshɿ^{33}	山羊
1-3-8			khv^{55}	年(以十二生肖之首鼠表示)
1-3-9			kv^{33}	蒜
1-3-10			ȵi^{33}	鱼
1-3-11			khv^{55}	收获
1-3-12			du^{21}	阳神
1-3-13			se^{21}	阴神
1-3-14			tɕhe^{21}	丨

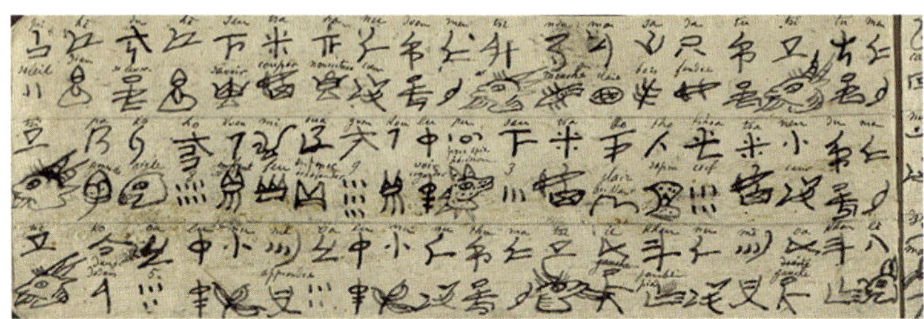

>《学习哥巴文之书》第二页

编号	哥巴文	东巴文	读音	意义
2-1-1			ȵi^{21}	二
2-1-2			he^{21}	神
2-1-3			tɯ^{33}	起(身)
2-1-4			he^{21}	神
2-1-5			sɿ^{55}	家神

续表

编号	哥巴文	东巴文	读音	意义
2-1-6			tshər^{55}	切(东西)
2-1-7			hɑ^{33}	食物
2-1-8			nɯ^{33}	心
2-1-9			tɯ^{33}	起(身)
2-1-10			mə^{33}	不
2-1-11			tshʅ^{55}	山羊
2-1-12			lɯ^{55}	牛虱
2-1-13			mu^{21}	簸箕
2-1-14			dzər^{21}	树
2-1-15			dɑ^{55}	砍
2-1-16			tɯ^{33}	起(身)
2-1-17			tshʅ^{55}	山羊
2-1-18			tɯ^{33}	起(身)
2-1-19			mə^{33}	不
2-2-1			tshʅ^{33}	山羊
2-2-2			pɑ^{33}	蛙
2-2-3			kə^{55}	鹰
2-2-4			ho^{55}	八
2-2-5			kv^{33}	蒜
2-2-6			mi^{33}	火

续表

编号	哥巴文	东巴文	读音	意义
2-2-7			uə^{33}	寨
2-2-8			gv^{33}	九
2-2-9			kv^{33}	蒜
2-2-10			ly^{21}	予
2-2-11			py^{33}	豪猪
2-2-12			sɿ^{21}	三
2-2-13			tshər^{55}	切(东西)
2-2-14			bu^{21}	坡
2-2-15			to^{33}	拓模
2-2-16			tʂhuɑ^{55}	六
2-2-17			tshər^{55}	切(东西)
2-2-18			nɯ^{33}	心
2-2-19			tɯ^{33}	起(身)
2-2-20			mə^{33}	不
2-3-1			tshɿ^{33}	山羊
2-3-2			ko^{21}	针
2-3-3			uɑ^{33}	五
2-3-4			ly^{21}	予
2-3-5			nv^{21}	黄豆
2-3-6			me^{33}	雌

续表

编号	哥巴文	东巴文	读音	意义
2-3-7			uɑ^{33}	五
2-3-8			ly^{21}	看
2-3-9			nv^{21}	黄豆
2-3-10			nɯ^{33}	心
2-3-11			tɯ^{33}	起(身)
2-3-12			mə^{33}	不
2-3-13			tshɿ^{33}	山羊
2-3-14			i^{21}	右
2-3-15			khɯ^{33}	足
2-3-16			nɯ^{33}	心
2-3-17			me^{33}	雌
2-3-18			i^{21}	右
2-3-19			khɯ^{33}	足
2-3-20			le^{33}	獐子

3. 20世纪40年代和泗泉、和学道制作东巴文雕版

20世纪40年代，丽江坝区长水中村东巴和泗泉鉴于纳西东巴文、哥巴文的结构复杂和写法各异，曾邀约附近东巴们酝酿讨论，想统一和规范象形文和标音文，并曾制下一套字汇木刻。

和泗泉(1885—1943)生于长水有名的东巴世家，小名“常

发”，人们尊称他为“东发”，民国时期的著名大东巴。中年时，曾帮助洛克、李霖灿、周汝诚等学者研究东巴文化。

和学道（1890—1942），丽江黄山长水下长水村人，以学问高深和东巴绘画、编扎、东巴舞蹈等技艺出众而闻名，还掌握建筑彩绘的技艺，常到太安、宝山一带替人作画，画风细腻，色彩富丽，大胆借鉴佛、道绘画技法，现丽江市博物院藏有他绘制的东巴神像画轴。在这次书写和刻印标准字范的工作中，他是和泗泉的助手。

和泗泉在自家屋后梨园里挑选了一批上好的木材，投入印版的雕刻工作中。和泗泉的夫人和玉湘对他给予极大的支持，包揽了全部的家务和农活。50多岁时，第一部分已经刻完。当他着手雕刻第二部分之后不久，因劳累过度而病倒在床上，于1943年3月31日去世，享年58岁。

1975年5月，和志武回到长水，在和泗泉儿子和厚柱处获得两块木刻版。一块字汇木刻系序言，长一市尺六寸，宽三寸，厚八分，梨木制成；序言共两版，每版五行，以象形字为主，掺用少量标音字；全序言共十六句话，用竖线隔句；版头还有东巴持经的木刻人像。另一块编号三、四的字汇木刻版，两面四版，长一市尺六寸半，宽四寸三分，厚六分；版面三行，象形文和标音文对照，每版四十八个字，每面九十六个字，全块共一百九十二个字。字汇内容系人类、人体之属。[①]

1984年，和志武将这两块木刻版捐给了丽江市博物院，编号分别为LJ0198和LJ0199。第一块LJ0198，纵11厘米，横58.5

① 方国瑜编撰，和志武参订:《纳西象形文字谱》(3版)，云南人民出版社，2005年，第55页。

厘米，厚2.5厘米，雕刻一面，左右两版，其中右版起始处是一位东巴祭司盘腿端坐、手持经书的形象，版心刻象形文、哥巴文各一字，两字意为“前言”。这篇前言共119字，除有一个词用哥巴文外，其他均属象形文；行款依照一般东巴古籍文献的格式，文字用横线隔行，以竖线隔句。前言意译如下：

这些文字的雕刻工作，并不是一件容易的事，请别小看。功底浅薄、自己写的字只有自己认识的那些人，以后就不要再写了。我们的要求是：一条线、一个圈都不能错。自古以来流传到现在，这种文字各人有各人的写法和读法，没有严格的字形标准，这就是落后于其他民族文字的原因。用于祭祀的经典，汉族人和外国人是无法掌握的，书写随意一些也无可厚非，但在使用单字的场合，不能再有笔画多寡的差别！这些字就是应当相传千秋万代的标准字范。[1]

> 雕版LJ0198正面：《纳西象形文·格巴文对照字汇》前言[2]

第二块LJ0199，纵15厘米，横58.5厘米，厚2厘米，雕刻两面，格式相同，分别为正文第三页和第四页，版心书口处刻汉文

① 木琛：《丽江市博物馆藏〈纳西哥象形文、格巴文对照字汇〉雕版述略》，纳西话賨（微信公众号）. https://mp.weixin.qq.com/s/LN_et3gZzAir2tMx4YrsHg.

② 雕版LJ0198和LJ0199图片转引自木琛：《丽江市博物馆藏〈纳西哥象形文、格巴文对照字汇〉雕版述略》，纳西话賨（微信公众号）. https://mp.weixin.qq.com/s/LN_et3gZzAir2tMx4YrsHg.

页码。每面左右两版，每版均分为3横格，共刻有48组文字，上方为哥巴文，下方为象形文，上下字读音和字义相同。文字类别有鬼怪名称、亲属称谓、形体动作、人体器官等。

> 雕版LJ0199第一面

> 雕版LJ0199第二面

此外，和泗泉的嫡孙和国相还珍藏着另外一些木刻版，其中有一份《形字音字对照书》序言。这份序言译为现代汉语作：

前一段时间，一些汉族人和外国人前来学习这种文字，就向那些有学问的东巴请教。有学问的人为他们讲解文字，而没有学问的人也为了赚钱而欺骗他们。外国人说："你们有这样的文字，怎么能够一个人说一样呢？应该好好地整理一下，每个人的写、读方法要统一。"就这样，丽江坝区的东巴们为这事进行集会商议，前后讨论了两三年。原来准备让每个人都写出若干字集中起来，看谁的字好，就请他写出所有的字，然后石印。但经过仔细考虑，纸张和石印的费用看来是无力支付的。即使第一次印刷的资金筹齐了，也只能应一时之需，而这是千秋万代相传的字范，很难说每一代人都会付出那么多财力；再者，印成的书籍容易损失，这样才决定刻成印版。可是，没有人愿意承当写和刻的任务。

东巴们都说，只有马鞍山下长水村的两位经师才会为此事出力了。任务就这样落到了我和东青的头上。我当时说自己恐怕没有能力担当统一文字的大任，他们一致认为：就以古时候白沙大东巴玖知腊写的经书的字形为标准就可以了。

这是东发和东青两个人全身心投入，不吝时日、呕心沥血的成果。请大家当作标准字范，用心地照此书写，一笔都不要差错。不论格巴文还是象形文，都只能使用这里已经收入的字形，我所编的这本书就是字形的典范，任何人不能再说三道四说长道短了。至于各人收藏的经书，就请按照自己原先所掌握的方法去诵读吧。有学问的人就会称道我们所做的事，而无知的人也许会否定它。然而世上有那么多的路，人们终归还是回到一条道上——无知者也会慢慢变得有知识的。毫无疑问这是一件好事。雕版就保存在马鞍山下长水村东发的家中，若有跋山涉水远道而来的经师，请大家把印刷品赠送给他们。[①]

①木琛：《丽江市博物馆藏〈纳西象形文、格巴文对照字汇〉雕版述略》，纳西话賨（微信公众号）. https://mp.weixin.qq.com/s/LN_et3gZzAir2tMx4YrsHg.

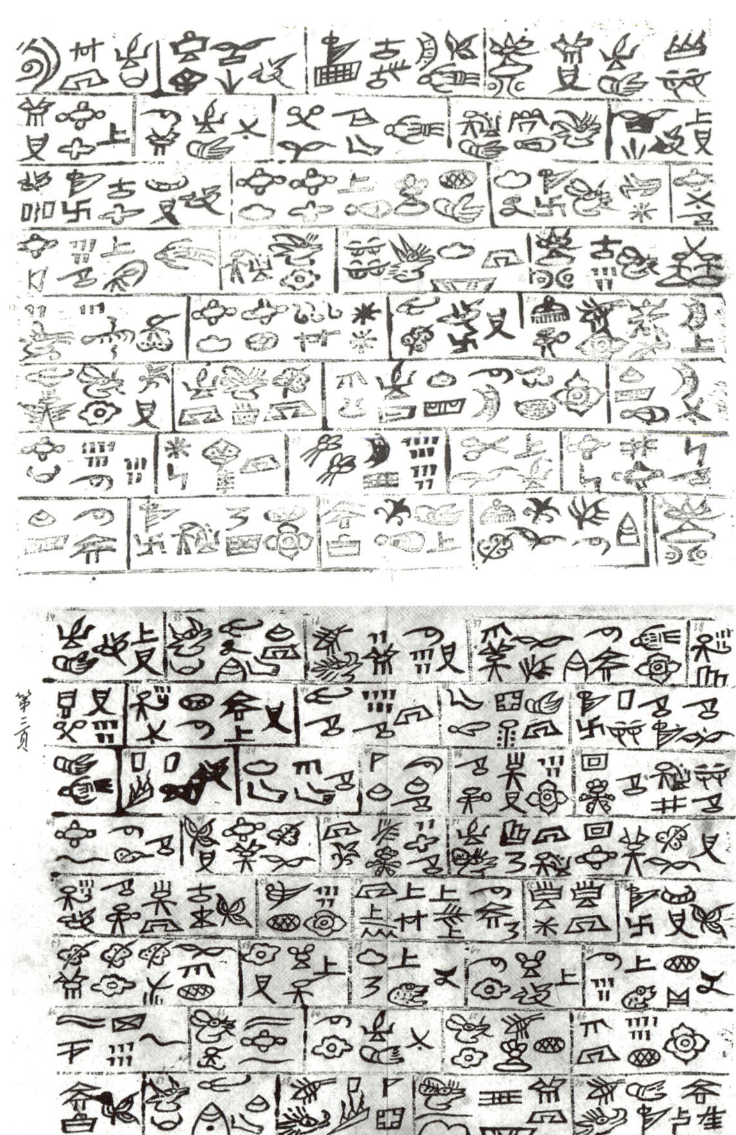

>《形字音字对照书》序言

遗憾的是和泗泉、和学道两位东巴并没有完成《形字音字对照书》的版刻。随着和泗泉的去世，这件事戛然而止。但是这本字汇的影响是深远的。李霖灿以和泗泉的《音字形字对照表》为主要材料编写了《么些标音文字字典》。

> 和泗泉《音字形字对照表》印刷版

我们现在很难见到完整的《形字音字对照书》印刷版，但是我们在和志武的私人藏书中找到《形字音字对照书》的手稿。封面用汉字题写书名《纳西象形文、格巴文对照》，落款是“丽江长水和泗泉（东发）、和学道（东青）编”。“东发”是和泗泉的法名，“东青”是和学道的法名。此外，上面还写着“形字470个，音字427个”。根据笔迹判断，封面汉字应该是和志武留下的。和学道是和志武的父亲，和学道去世后，这本手稿一直被和志武收藏。

《谱·绪论》中记述，这套纳西东巴文与哥巴文字汇木刻的原版已经不全，但是手稿还保存在丽江长水和学道家中。由丽江本地的土棉纸所写，长约七市寸，宽约三寸。全书共十四页。第一页下端已有损坏；全手稿共录有东巴文四百七十个，哥巴文四百二十七个。①

《形字音字对照书》，1册，共32页，正文29页。页面9.5厘米×25.2厘米。东巴文与哥巴文对照书写。每页分两栏。旧抄本。本色土绵纸，线订册叶装，墨书。现藏于丽江玉龙纳西族自治县黄山乡下长水村和志武先生学术陈列馆。

我们对这本手稿进行了整理，示例如下：

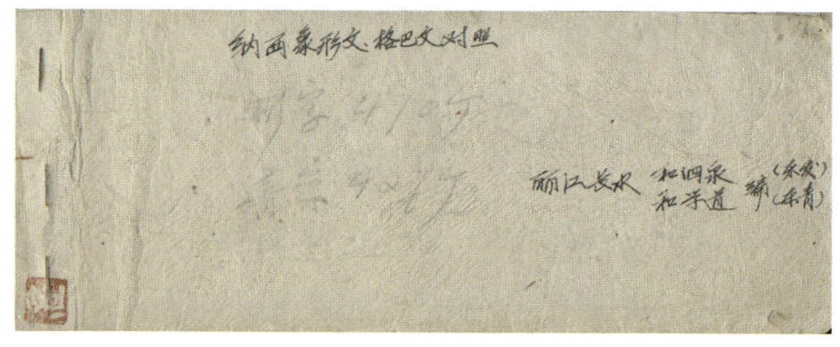

> 封面

① 方国瑜编撰，和志武参订：《纳西象形文字谱》(3版)，云南人民出版社，2005年，第55页。

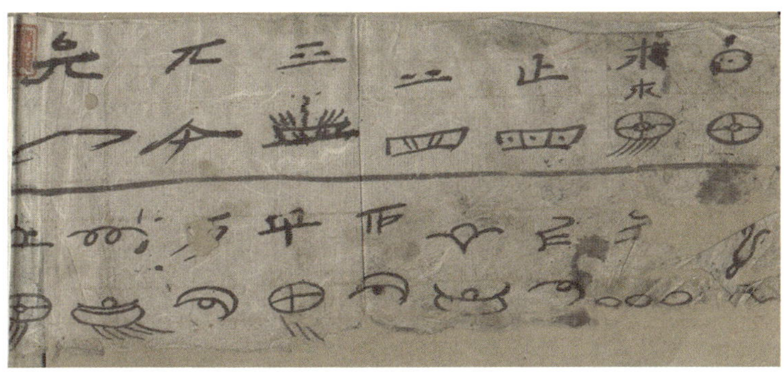

>第1页

编号	哥巴文	东巴文	读音	意义
1-1-1			mɯ^{33}	天
1-1-2			mɯ^{33}	天
1-1-3			dy^{21}	地
1-1-4			dy^{21}	地
1-1-5			tʂʅ^{33}	土
1-1-6			bi^{33}	太阳(古语)
1-1-7			ȵi^{33}	太阳
1-2-1			bɑ^{21}	日光
1-2-2			le^{21}	月(古语)
1-2-3			hɑ^{21}	夜
1-2-4			dɑ^{33}	月光

续表

编号	哥巴文	东巴文	读音	意义
1-2-5			hɑ^{55}	夜
1-2-6			he^{33}	月
1-2-7			mə^{33}	不
1-2-8			kɯ^{21}	星
1-2-9			zy^{21}	星名

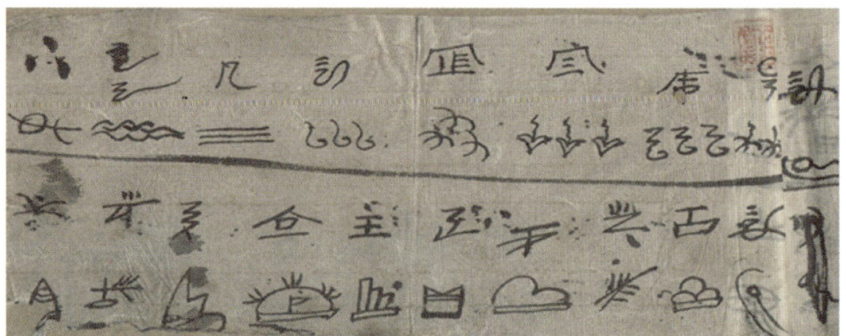

> 第2页

编号	哥巴文	东巴文	读音	意义
2-1-1			zɑ^{21}	彗星
2-1-2			tɕi^{21}	云
2-1-3			hər^{33}	风
2-1-4			hɯ^{21}	雨
2-1-5			be^{33}	雪

续表

编号	哥巴文	东巴文	读音	意义
2-1-6			dzo^{33}	雹
2-1-7			dʐər^{33}	露
2-1-8		（　）	ȵi^{33}	霜
2-2-1			dʐy^{21}	山
2-2-2			so^{33}	大秤
2-2-3			æ^{21}	崖
2-2-4			ko^{21}	高原
2-2-5			dzɿ^{21}	围墙
2-2-6			uə^{33}	寨
2-2-7			bu^{21}	坡
2-2-8			dzər^{21}	树
2-2-9			lv^{33}	石头
2-2-10			lo^{21}	山谷

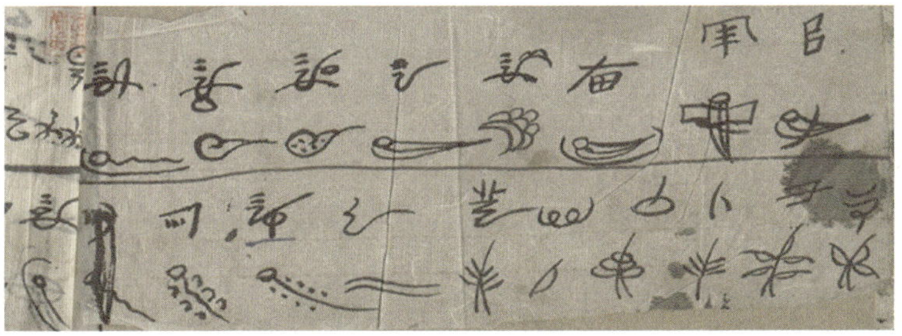

> 第3页

编号	哥巴文	东巴文	读音	意义
3-1-1			khə^{33}	沟
3-1-2			hɯ^{33}	海
3-1-3			dər^{21}	潭
3-1-4			dʑi^{21}	水
3-1-5			dɑ^{21}	泡沫
3-1-6			khæ^{33}	水渠
3-1-7			dzo^{21}	桥
3-1-8			tsər^{33}	阻水
3-2-1			tshʅ^{33}	温泉
3-2-2			dʑi^{21}	水
3-2-3			zʅ^{33}	路
3-2-4			dzər^{21}	树
3-2-5			tshe^{55}	树叶
3-2-6			çy^{55}	柏树
3-2-7			tho^{33}	松树
3-2-8			bɯ^{21}	栗树
3-2-9			mu^{21}	杜鹃树

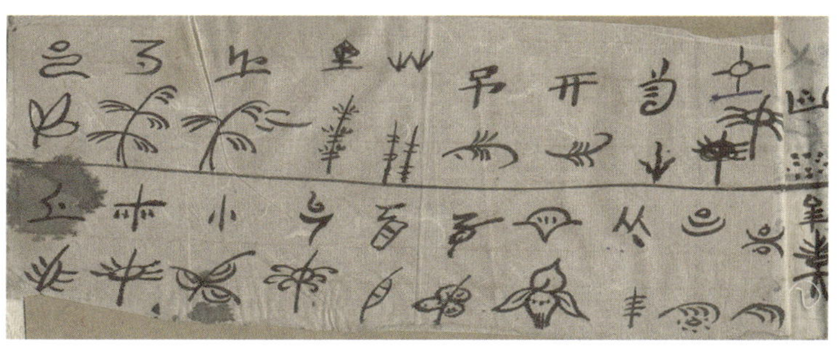

> 第4页

编号	哥巴文	东巴文	读音	意义
4-1-1			zɿ^{33}	山柳
4-1-2			lɯ^{33}	杉树
4-1-3			ʂə^{55}	云杉
4-1-4			mɯ^{55}	竹子
4-1-5			sɑ^{33}	麻
4-1-6			pɯ^{33}	艾蒿
4-1-7			pɯ^{33}	艾蒿
4-1-8			ʐə^{21}	草
4-1-9			dze^{33}	小麦
4-2-1			ɕi^{21}	稻子
4-2-2			dze^{33}	小麦
4-2-3			nv^{21}	黄豆
4-2-4			zɿ^{33}	大麦

续表

编号	哥巴文	东巴文	读音	意义
4-2-5			tshy^{55}	黍
4-2-6			ne^{33}	苋米
4-2-7			dzy^{33}	蔓菁
4-2-8			zɿ^{33}	草
4-2-9			no^{33}	乳
4-2-10			no^{33}	绒毛

经过整理发现，这份手稿并没有完全做到哥巴文与东巴文一一对应，有些东巴文没有相对应的哥巴文。我们认为，可能这不是最终的版本，只是和泗泉、和学道编写的一个草稿。

4. 20世纪60年代和芳编写《东巴文哥巴文对照字汇》

和泗泉去世后，虽然东巴文木刻版的工作偃旗息鼓了，但是文字改革没有停止，和芳等人一直在为文字规范作出努力。

关于和芳其人，李国文在《人神之媒——东巴祭司面面观》中记述：

和芳（1887—1970）是丽江大研镇五台办事处中和自然村人。幼时因家境贫寒，故在漾西乡外公家长大，并在外公家学习东巴经，长大成人后，回到中和村成家，专事农业兼做东巴，曾随大研镇大东巴和风书到六区东山一带（今大东）做祭风道

场，由于他为人谦和，故平时附近村寨的年长东巴们也常请他帮忙。随着社会实践日渐增多，加上个人努力，他的东巴知识和社会名气也逐渐增长，找他求学拜师、问古的人也不断登门，如七河关坡村和德三曾住在他家学过东巴经。20世纪40年代末，受长水村一带东巴之邀，和芳住在和志武家，教授东巴经知识。和芳为学术机构和学者释读了数百本东巴经书，解答东巴经中各种疑难问题。

李国文在《人神之媒——东巴祭司面面观》中还透露，和芳曾经编写了一部《东巴文哥巴文对照字汇》。实际上和芳编写的这本字汇直译为“哥巴文和东巴文两种”，纳西语读作gə^{21}bɑ^{21}sər^{33}tɕə^{55}ȵi^{33}sy^{21}uɑ^{33} me^{33}。该书为1册，共20页，正文16页。幅面为10厘米×25.6厘米。封面有汉字“丽江五台中和村和芳编”。东巴文与哥巴文对照书写，每页分3行。旧抄本。本色构皮纸，线订册叶装，墨书。现藏于丽江玉龙纳西族自治县黄山乡下长水村和志武先生学术陈列馆。

封面如下图：

> 封面

（1）字释：

$gə^{21}$哥巴文。 $bɑ^{21}$哥巴文。两字连读作$gə^{21}bɑ^{21}$哥巴，即哥巴文。

$sər^{33}$木。 $tɕə^{55}$煮。两字连读借音作$sər^{33}tɕə^{55}$木痕，即东巴文。

$ȵi^{33}$日，借音作$ȵi^{21}$两。

sy^{21}铅，借音作种类。

$uɑ^{33}$哥巴文，是。

me^{33}雌，借音作的。

（2）全段标音：

$gə^{21}bɑ^{21}sər^{33}tɕə^{55}ȵi^{33}sy^{21}uɑ^{33}\ me^{33}$。

哥巴 木 痕 两 种 是 的

（3）译文：

哥巴文和东巴文两种。

我们整理《哥巴文和东巴文两种》后发现，该书分为两个部分，正文第1–14页是第一部分，内容是哥巴文与东巴文的对照表。正文第15–16页是和芳致和志武的信。这封信的译注被收入《谱·应用文字举例·书信译例》。第一部分共收录东巴文397字，哥巴文397字，一一对应。该书的封里有汉字“丽江五台和芳编，1963年寄来”。这些汉字应该是和志武留下的。我们推测，该书应该是和芳应和志武的要求编写的。和芳致和志武的信中提到纯粹的哥巴文经书有三百多册，由和芳抄写，说明和志武曾经让和芳抄写纯粹的哥巴文经书。相比起和风书、和泗泉的对照表，这份对照表更加符合一字一音的要求。和芳作为精通哥巴文的东巴大师，在哥巴文的规范和统一上作了贡献。

字汇整理示例：

> 第1页

编号	哥巴文	东巴文	读音	意义
1-1-1			$mɯ^{33}$	天
1-1-2			dy^{21}	地
1-1-3			bi^{33}	太阳（古语）
1-1-4			le^{21}	月（古语）
1-1-5			$kɯ^{21}$	星
1-1-6			za^{21}	彗星
1-1-7			$tɕi^{21}$	云
1-1-8			$hər^{33}$	风
1-1-9			$dʑy^{21}$	山
1-2-1			lo^{21}	谷

续表

编号	哥巴文	东巴文	读音	意义
1-2-2			dʑi^{21}	水
1-2-3			khæ^{33}	沟
1-2-4			sər^{33}	木
1-2-5			ər^{33}	铜
1-2-6			lv^{33}	石头
1-2-7			hɯ^{33}	雨
1-2-8			be^{33}	雪
1-2-9			tʂʅ^{33}	土
1-2-10			khæ^{33}	咬
1-3-1			dɑ	门闩
1-3-2			tʂhə^{55}	秽气
1-3-3			dzi^{33}	兽名
1-3-4			tsho^{21}	大象
1-3-5			tʂhər^{55}	肺
1-3-6			khɯ^{33}	脚
1-3-7			o^{33}	绿松石
1-3-8			mi^{33}	火
1-3-9			lv^{33}	缠
1-3-10			gɯ^{33}	裂开

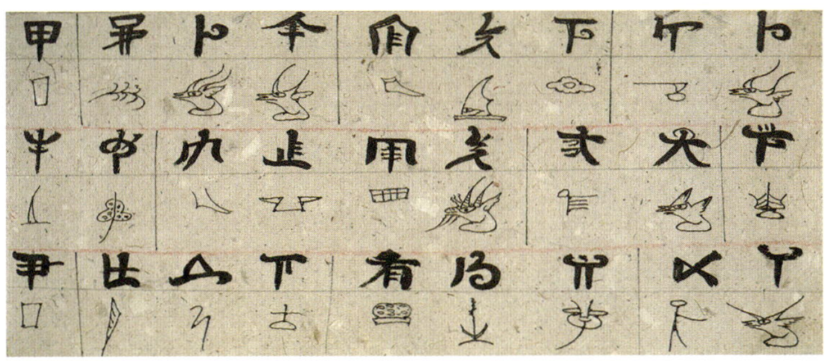

> 第5页

编号	哥巴文	东巴文	读音	意义
5-1-1			to^{33}	板
5-1-2			pɯ^{33}	艾蒿
5-1-3			bər^{21}	牦牛
5-1-4			ɣɯ^{33}	牛
5-1-5			khɯ^{33}	脚
5-1-6			æ^{21}	崖
5-1-7			sɿ^{33}	羊毛
5-1-8			be^{33}	做
5-1-9			dzɿ^{21}	犏牛
5-2-1			tɕhi^{33}	刺
5-2-2			ne^{33}	苋米
5-2-3			bə^{33}	脚底
5-2-4			thv^{21}	木桶
5-2-5			dər^{33}	毡廉

续表

编号	哥巴文	东巴文	读音	意义
5-2-6			tshɿ^{55}	山羊
5-2-7			ho^{21}	肋骨
5-2-8			phɑ^{21}	豺狼
5-2-9			sɿ^{55}	家神
5-3-1			to^{33}	板
5-3-2			do^{33}	傻鬼牌
5-3-3			dzɿ^{21}	冰
5-3-4			tʂhʅ^{33}	悬挂
5-3-5			o^{33}	谷物
5-3-6			zər^{21}	草
5-3-7			nɯ^{33}	心
5-3-8			i^{33}	左
5-3-9			y^{21}	绵羊

由此可见，很多大东巴都在统一哥巴文这件事上作过努力和尝试。同时，这些东巴编写的东巴文和哥巴文字汇也是学者编纂字典的重要参考资料。李霖灿曾经在丽江西北区打米杵村和仲恒大东巴家收到一本音字字汇。该书形制是画很多方格，每一格中写着许多音字和一个形字，形字写得大一点，音字则在一格中有二三字到三四十字不等。形字写得大，在这一格中代表音值，围绕着它的是音字的各种不同写法。李霖灿认为一者在于检阅，二者在于删改整理。我们目前没有见到该书。

第六编

哥巴文研究简史

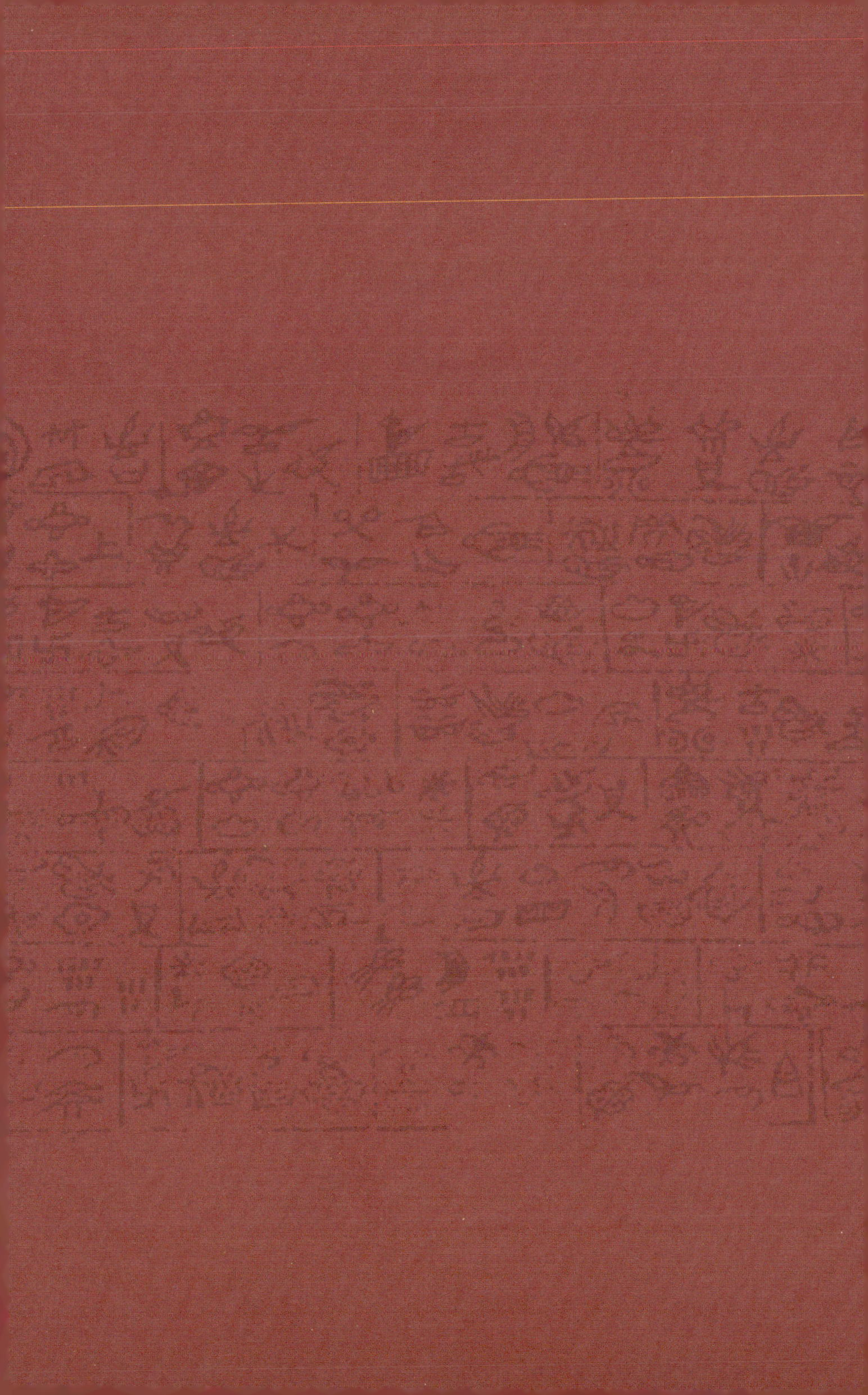

一、关于哥巴文的性质的讨论

关于哥巴文的性质，学术界有不同的看法。有些学者认为它是东巴文的一种变体，字符虽然抽象，但仍属于表意文字体系。有些学者认为，它是音节文字，属于表音文字体系。哥巴文与东巴文是完全不同的两种文字。

巴克在《么些研究》中首先提出纳西族的文字有两种，确定了哥巴文的性质。他在书中说：

么些东巴使用的文字包括两种文字体系，一种是象形文字(hiéroglyphique)，另一种是音节文字(syllabique)。他们有专门用象形文字书写的文献，也有专门用音节文字书写的文献。有时在文献的结尾，会同时出现两种文字。象形文字加上音节文字，可以使象形文字表达更清楚，而且音节文字系统大概也更丰富。

李霖灿说："云南西北部的么些族使用着两种文字：一种是象形字（以下简称为形字），一种是标音字（以下简称为音字）……音字是一个个单独的符号，以一个符号代表一个固定的么些语音音节。所以么些族的音字也是一种音节文字(Syllabic scripts)，而不是所谓的字母文字(Alphabetic scripts)。在这本书内所要叙述的就是这种音字。"[1]

① 李霖灿：《么些象形文字字典·么些标音文字字典》，台湾文史哲出版社，1972年。

李静生在《论纳西哥巴文的性质》中分作两个表,表一分析了70个表意字和9个假借字,表二从126个既不表意又不表音的哥巴文字符中选取了32个字符进行分析。他从文字本身使用的字符性质的角度分析,得出这样的结论:哥巴文以记号字为主,吸收了一大部分东巴文以及新创表意字,同时含有少量的表音假借字。即哥巴文属于以记号字为主,含表意表音的混合文字。

毛远明指出:“如果脱离文字记录语言时字符与音或义联系的重要原则来研究文字的性质,便容易忽略文字的社会功能这一本质。”[①]因此,他将哥巴文的历史来源与实际功用区分开来,认为一种文字的性质不在于它的字符是从哪里来的,而在于这些字符能否有对应的语音,是否可以独立自主地记录语音。从字符的实际功用角度来看,哥巴文是属于表词表音的音节文字。毛远明说:“如果忽视哥巴文字符记录所有同音词的实质,而只强调字符有意的个别现象,把取自东巴文的这部分哥巴文的性质定为象形文字,则容易模糊非本质的旧质要素与本质的新质要素的主次关系,混淆哥巴文的历史来源同现实功用的界限,混同字符的外部形态与内在性质的根本区别,也不利于对两种不同类型的文字进行分层次的研究。”[②]

---

① 毛远明:《哥巴文性质再认识》,载于白庚胜、和自兴主编《玉振金声探东巴——国际东巴文化艺术学术研讨会论文集》,社会科学文献出版社,2002年,第647页。

② 毛远明:《哥巴文性质再认识》,载于白庚胜、和自兴主编《玉振金声探东巴——国际东巴文化艺术学术研讨会论文集》,社会科学文献出版社,2002年,第645页。

二、关于哥巴文的产生时代的讨论

洛克在1935年发表的《纳西族文献中的洪水故事》中提出哥巴文早于东巴文，根据是有些东巴传说先有音字，但不好记，后来见木画木，见石画石，才发明形字。后来在《纳西语-英语百科辞典》的序言里，洛克又再次强调哥巴文是古代而不是近代发明的，有两点理由：

第一，他在一些推测为明朝初期的经书中就已经发现了一些哥巴文字符，这些字符写在了一些难懂的表示纳西神灵的符号的上边或旁边，就像日本的假名写在中文字符旁边用来帮助释读一样。

第二，哥巴文字符相似于彝文中的标音符，有时甚至是完全相同的，而源于汉语的彝文标音符的出现年代为10世纪，加上这些音节字符出现在14世纪的纳西经书中，所以足以证明哥巴文标音字符的古老。

李霖灿在《与骆克博士论么些族形字音字之先后》一文中从6个方面进行了详细论证，认为形字先于音字。这6个方面是：

（1）从文字的地理分布上看。纳西族先民最初没有文字，随后在木里无量河流域创造了形字，之后才有音字，因此丽江、维西有音字，白地只有形字。

（2）从文字名称上看。音字称为“哥巴”，就是“徒弟”的意思，也暗示音字是徒弟们所创。

（3）从音字有形字蜕化的痕迹上看。李霖灿指出有52个音字是由形字蜕化而来。具体如下：

	形字	音字	字義	字源
1	[illegible]	[illegible]	推	象形
2	[illegible]	[illegible]	一隻眼	象形
3	[illegible]	[illegible]	嘔吐	象形
4	[illegible]	[illegible]	牌	象形
5	[illegible]	[illegible]	猿	象形
6	[illegible]	[illegible]	升	象形
7	[illegible]	[illegible]	麵	象形
8	[illegible]	[illegible]	絕	生育斷絕之形
9	[illegible]	[illegible]	毛	象形
10	[illegible]	[illegible]	舞	〃 〃
11	[illegible]	[illegible]	箱	象形
12	[illegible]	[illegible]	剪刀	〃 〃
13	[illegible]	[illegible]	塔	〃 〃
14	[illegible]	[illegible]	藏	〃 〃
15	[illegible]	[illegible]	乳	象形
16	[illegible]	[illegible]	轉經	手轉經筒之形
17	[illegible]	[illegible]	矛	象形
18	[illegible]	[illegible]	繞	象形
19	[illegible]	[illegible]	一托之長	双手展伸之一種長度
20	[illegible]	[illegible]	刨鋤	象形
21	[illegible]	[illegible]	鏈	〃 〃
22	[illegible]	[illegible]	跳	象形
23	[illegible]	[illegible]	大旗	旗杆之狀
24	[illegible]	[illegible]	壓	象形
25	[illegible]	[illegible]	起	〃 〃
26	[illegible]	[illegible]	鞋	象形
27	[illegible]	[illegible]	飲	象形
28	[illegible]	山	趕鬼三樁	象祭木之形
29	[illegible]	[illegible]	骨節	象形
30	[illegible]	[illegible]	錐子	象形
31	[illegible]	[illegible]	手鐲	象形
32	[illegible]	[illegible]	時刻	字源尚不悉
33	[illegible]	[illegible]	楔子	象形
34	[illegible]	司	溶化	象溶化之形
35	[illegible]	[illegible]	露	象形
36	[illegible]	[illegible]	骰子	象形
37	[illegible]	[illegible]	煙	〃 〃
38	[illegible]	[illegible]	日	象形
39	[illegible]	[illegible]	抖	象驚怕之形
40	[illegible]	[illegible]	麥架	懸晾麥架
41	[illegible]	[illegible]	苦	象形
42	[illegible]	[illegible]	折	〃 〃
43	[illegible]	[illegible]	¹戰旗	象頭角形
44	[illegible]	中	²角	象戰旗形
45	[illegible]	[illegible]	松脂	象形
46	[illegible]	[illegible]	月	象形
47	[illegible]	[illegible]	鹽	〃 〃
48	[illegible]	[illegible]	肋	〃 〃
49	[illegible]	[illegible]	左	〃 〃
50	[illegible]	[illegible]	右	〃 〃
51	[illegible]	[illegible]	糧食	象形
52	[illegible]	[illegible]	好	象寶物之形
				[illegible]

> 李霖灿所举音字源自形字的例证

(4)从经文组织上看。形字经书是原始型速记式，而音字经书是进步型完备式。

(5)从音字经书《占卜起源的故事》看。经书末尾说到大祭风的法仪，小祭风经书在白地一带早已出现，而大祭风经书只在丽江和金沙江边出现。

(6)从最近发展情况看，鲁甸和长水东巴都有规范音字。此外，世界各民族的造字规律一般都是先有形字而后有音字的。

闻宥在《么些象形文之初步研究》中提出哥巴文、东巴文平行产生。他阐述道：

> 此两文字者，其初本不同源，各为平行之发展。其单位孳乳增益，[皆有大量之附加]亦皆非短时期内一手一足所创成，在未并合前，形字一方已渐有音化之倾向。迨其后两者并合，形字遂止而不复为音的发展。又其后形字一方，以他种关系(非文字本身之力量)，渐占优胜，至于今日，遂成音字知者日稀，形字人人能读之现象。①

李霖灿通过田野调查推演了东巴文、哥巴文发生和演变的过程，即在无量河附近产生了东巴文，通过金沙江到达丽江，逐渐形成了东巴文。东巴文由图画向文字演变，由形向音演变，文字的产生与存在需要适应社会的需要，故这样的演变趋势促

① 本文原发表于《民族学研究集刊》1937年第二期，又载于《人类学集刊》1941年第2卷1、2期。文中[ ]中内容为两次刊发增改有别之处。

使了哥巴文的产生。哥巴文产生于丽江地区，但是由于东巴各自为政，初产生的哥巴文较为混乱亦未形成统一。李霖灿也指出了哥巴文作为早期发展阶段的文字的相关问题，如形体不规则，字音不足用，声调的随意性以及附加符号繁多，等等。通过么些族经典中哥巴文的使用以及经典的成书年代，李霖灿认为哥巴文产生于明末清初。

关于哥巴文产生的时代，李霖灿认为不早于明代万历年间。主要有两点原因：

第一项是在万历年间丽江么些土司木增曾派了一支戍卒驻扎在蒗渠，后来这一支戍卒的后代没有转回丽江却向北迁徙到土司地的泸沽湖边。三十二年我在湖边的大嘴村遇到这一支自万历年来即未回过丽江的么些人，他们的巫师拿出经典给我看，我仔细的看过，全没有一个“音字”，问问那些巫师，他们根本不知道有这一种文字。其中有一个巫师曾从永宁到过丽江，他说听到说有一种新文字，但这是丽江“多巴”（巫师）胡乱造出来的东西并不是我们多巴神罗教主写下的经典。由这一件事上可以看出万历年间丽江一带还是只是象形文字，所谓的音字根本没有发生，不然他们的经典上不会全没有一点音字的痕迹。

第二项证据是丽江木土司家谱的记载，在明代成化（一四七五）年间木泰的传记上说他，生性聪慧，不学而识先祖（指宋理宗时之麦琮）所制本方文字。依情理推测，不学而能识的文字，应该是指象形文字；因为音字是一种代表音值的符号，人再聪慧，亦无由无师自通。反之形字是一种图画文字，鸟兽鱼虫，

依形可辨，假如我们这样想，木泰小土司自幼好在“多巴”间厮混，因为“多巴”通悉经典，大都是讲故事的能手，小孩子爱听故事，这推测是近乎情理的，由此他对么些族的神话故事非常熟悉，有这个基础，当他看到形字经典上的图画文字时，他偶然便能猜得出其中的一些情节（要全通经典上的情节是不可能的），于是“多巴”们就来捧场，说这位小土司如何聪明，不学而识本方文字，这就是他本人传记上“不学而识先祖所制本方文字”的来由和真象。我们若再进一步作推测，在这时的记录上是“不学而识本方文字”而不是“本方某一种文字”，很近情理的表示那时还是只有一种文字。所以很有可能那时还全是形字的天下，这第二种文字的音字还没有发生。[①]

三、关于哥巴文字符的讨论

巴克在《么些研究》中说明了哥巴文的来源：

音节文字字符的来源主要有汉古文字、两或三个现代汉字和藏文，例如na（ㄨ）就来源于藏文。音节文字字符很少来源于象形文字。[②]

① 李霖灿：《论么些族“音字”之发生与汉文之关系》，载《么些研究论文集》，台北故宫博物院，1984年，第52-53页。

② J. Bacot. Les Mo-so, Ethnographie des Mo-so, leurs religions, leur langue et leur àctriture, Leide: E. J. Brill, 1913, p64.

闻宥在《么些象形文之初步研究》中认为：哥巴文的来源有三个，分别是爨文、汉字和藏文。具体如下：

关于音字成分之杂，Bacot 已尝言之，然渠特泛言其字形而已。今以性质言之，[则除与他种文字不相涉而外，其余大体可分三类：(a)与爨文相涉者，此文可分为二小类：(甲)明其确有关系者，如ㄣ读“dji”用于“一”。与爨文ㄣthi“一”，形义全同，音亦明为同源。丐 读 go，用于“马”，与爨文丐mə，“马”形义全同而音异。了读 jeu，用于“蛇”，与爨文了虬“蛇”，形义全同而音小异。(乙)关系较不明确者，如夭读 nu，与爨文之亓ni，形同而音小异。凸读 gni，与爨文之 ȵi，音同而形小异。百读 leu，与爨文之百 ʧheu，形同而音小异。ㄨ读 la，与爨文之ㄨti(此据 Vial 所记，余在路南研读时未见此字)，形同而音不同。(b)与汉文相涉者，此又可分为三小类：(甲)以汉字训读音，如借犬而读为 khɯ，借入而读为 çi，借上而读为 ʂə，借米而读为 tʂhua。(乙)以汉字音读者，如上止读 tʂʅ 而训为“土”，以上读 sã 而训为“血”(又有一例，似经一度之转化者。即以天读 pa 而训为“父”，似由 Thai 族称天为 pa 之训读辗转而来，然么些与 Thai 之接触无明征，故无以边定)。(丙)形似汉字而尚未明其关系者，如小 读 nu，五读 bä，虫读 meu，斗读 ma 等等。(c)与藏文相涉者，此又可分为三小类：(甲)形音俱同者，如 又 读 na。(乙)形同而音异者，如可万读皆 so。(丙)形不同而具有藏文母音符号者，藏文四母音符号，除

hGren-Bu而外，其他gNah Ru、Gi-Gu、Shabs-Kyu（惟此必加三小点作）三者，皆得见于么些音字之首，然同时又绝无法则可寻。其符号同者母音不必同，如读me，读so，读kji，读tsa，其符号不同者，母音或亦相同，如读tho，读no，读kho，又其加符号者与不加符号者亦皆同读，如三者皆读tse，此皆当为任意增饰，与母音变化根本无关。由以上所分析观之，足以知其来源之杂，传讹之甚。虽此三者之中，吾人得假定其第一项与爨文相涉者为其基本形式（即么些与爨人分离前之共同原始文字），而后二项为后来加入之部分（分别言之则与藏文之关系，较与汉文之关系为更疏，以文字系统之不同，故其不调和之痕迹亦更明显）；又虽此第一项之中，两者，形义并同而音读不一，正所以示其最初本为文意字之痕迹，与吾人平日所想象者相符（参拙作《读爨文丛刻》），然更以其余大多数之与他种文字不相涉者观之，则其形态实与爨文并不相似，而反与近代汉字相近。其所示时间的痕迹，亦决不能过于久远。］则尤极参错凌杂之致。其近似藏文者不多，即或近似，而音值未必与藏文相合。其加有藏文式之vowel signs者，法则尤不可晓。如Bacot所纪，同读kia，同读no，同读tse，加者与不加者无别。又不同字而同符号者，如：读me，读so，读pou，读tsa，tsé，读thu，母音又皆不相同。反复审辨，不知此符号究何所指。其近似汉文者尤极不一。有以汉字训读者，如借“犬”而训读为khɯ，借“人”而训读为çi，借“中”而训读为ly之属是也。有以汉字音读者，如以“止”读tʂʅ而训为土是也。有

 以汉字音读而中又经一度之转化者，如以“天”读pa而训为父，必由Thai族称天为pa者辗转而来是也。有形似汉字而未发见其关涉者，如小读nu，五读do，合读khua，米读kia，上读cheu，斗读kheu，甲读da（上三字音值为作者所记、下四字据Bacot）之属是也，凡斯之类，皆足以证知其来源不一，且多传讹；其与藏文之关涉，实尚不如与汉文之密；而此类汉源之字，其所示时间的痕迹，亦决不能过于久远。故关于此方面之事状，实不如Rock所言之简单。更退步言之，吾人今日尚决无确据足以证明此全部音字为么些人南下以前所本有。[①]

黄振华通过比较其他民族的字符为例证，在《纳西族哥巴文字源流考》[②]中列举了277例哥巴文，涉及哥巴文字符约400个，汉字140个左右，认为其全部借自于汉字，得出现在已知的哥巴文字符中有半数以上来源于汉字的结论。喻遂生针对黄振华一文，提出了不同的看法。他在《关于哥巴文字源考证的几点看法》[③]中，首先提出“音读”和“训读”在文字借用中的本来意义，认为不存在一个哥巴文字符既是音读又是训读的说法，并从音读和训读出发，考证了一些哥巴文字符的来源。他对于“借形”一说也提出了异议。因为对于字符的来源不能简单地

① 本文原发表于《民族学研究集刊》1937年第二期，又载于《人类学集刊》1941年第2卷1、2期。文中“[ ]”中内容为两次刊发增改有别之处，大多为芮逸夫先生对文中外文所加中文译文，但亦有对中文润色修改之处。

② 侯仁文、周一良主编：《燕京学报》（新九期），北京大学出版社，2000年。

③ 喻遂生：《关于哥巴文字源考证的几点看法》，载《中国文字研究》（第六辑），广西教育出版社，2005年，后收入《纳西东巴文研究丛稿》（第二辑）。

只视作形体上的比附，很可能只是笔画简单造成的巧合，借用字符一定要有或音或义方面的联系，或者是语言之外的某种关联，否则不能说是借用。其次，提出了要充分注意东巴文和哥巴文的内在联系，要在哥巴文专书研究的基础上进行哥巴文的综合研究，才能得出更加深刻的认识。从整个文字体系来看，哥巴文是一种音节文字且字符已经高度的抽象化。所以，对于哥巴文的字源问题历来聚讼纷纭。

曹萱《纳西哥巴文造字研究》[①]对方国瑜《纳西象形文字谱》收录的包括异体字在内的688个哥巴文字符进行了字源考证，认为其中可以考释的哥巴文字符达到500个。她认为哥巴文主要来源于东巴文，其次借用汉字和藏文，还有一部分自造字。虽然该文中存在着较多的考证值得再探讨，但这是首次考释如此大量的哥巴文字符，为后来的研究也提供了较多的参考和借鉴。李晓兰《哥巴文字源考释》[②]以《纳西象形文字谱》《么些标音文字字典》和《纳西语英语百科辞典》（上卷）为研究材料，还参考了两部哥巴文文献《求取占卜经》和《迎请精如神》的部分字符，共考证253个音节，哥巴文字符2733个，证明哥巴文字符约有半数借用东巴文字符，接近三分之一借用汉字，还有少量借用藏文，以及部分自造字。前贤时辈的研究都证明哥巴文的字符来源主要是脱胎于东巴文，这验证了文字发展的规律，即文字从表意向表音发展的趋势，并从历史、社会、文化等角度说明了哥巴文与东巴文、汉文以及藏文的关系。

① 曹萱：《纳西哥巴文造字研究》，华东师范大学硕士学位论文，2004年。

② 李晓兰：《哥巴文字源考释》，华东师范大学硕士学位论文，2014年。

对哥巴文文字体系进行研究的，主要是卓婷的《纳西哥巴文字符体系研究》[①]，她从哥巴文经书的个案出发，对经典中的哥巴文字符进行分析，同时按照音节分类，归纳出每个音节下使用的哥巴文字符数，得出一个东巴、一部经书使用的哥巴文字符体系的具体情况。她以哥巴文异体的研究为主，发现当某个东巴使用哥巴文字符时，异体较少，由于处于初级发展阶段，字符体系仍旧表现出不成熟不规范的特点。

邓章应《哥巴文造字机制研究》[②]中阐释了哥巴文的造字机制。他将哥巴文分为初造字和新造字，哥巴文字符通过仿拟机制和参照机制形成了哥巴文的字符体系。哥巴文初造字数量较少，其特点表现为符号体态方面象形性很弱，笔画简单、字符线条化；然而新造字是参照已有的字符而造，或为全形借用，或为变形参照，或省减，或拆分，或缀加标示符号而成。尽管哥巴文异体繁多，不敷应用，且同形字、形近字众多，但是哥巴文从东巴文演变而来，实现了逐字记音的方式，也舍去了东巴文原始的表意方法等，符号体态呈现出规整性，相对于东巴文来说可以算是比较成熟的文字。

关于哥巴文的产生问题，邓章应在《西南少数民族原始文字的产生与发展》[③]中也提到哥巴文产生的原因和发展以及不足。哥巴文作为初级发展阶段的音节文字，主要是借用东巴

---

① 卓婷：《纳西哥巴文字符体系研究》，西南大学硕士学位论文，2009年。

② 邓章应：《哥巴文造字机制研究》，载华东师范大学中国文字研究与应用中心编《中国文字研究》(2008年第11辑)，大象出版社，2008年。

③ 邓章应：《西南少数民族原始文字的产生与发展》，人民出版社，2012年。

文、汉字以及藏文，同时还有一些自造字符，其表达音节采取一字一音的原则进行，最初主要是用于补充东巴文在使用中的不足，后不断发展，成为能够独立书写文献经典的独立文字。虽然哥巴文已经是与东巴文不同性质的文字，属于不同的类型，但是同一个民族内同时使用的两种文字必然也存在着千丝万缕的联系。哥巴文填补了东巴文记录文字时的空隙，却存在着因字音与字符之间不固定等形成的异体字和同形字。尽管异体繁多，但是仍旧不及应用。

刘婕《哥巴文异体字研究》较全面地收集了哥巴文异体字字符，并对其进行分类，按照不同地域、不同东巴进行分析，总结哥巴文的用字特点，较为客观地阐释了哥巴文异体字的发展规律，同时为进一步研究文字的发展提供了基础材料。

余攀《哥巴文经书用字研究》以哥巴文经书《么些族占卜起源的故事》和《求取占卜经》为材料，系统考察哥巴文经书的用字状况；综合分析哥巴文经书中的同形字、异体字，进行哥巴文表达方式的研究，以进一步探讨哥巴文存在情况，通过穷尽性分析哥巴文经书中的用字，探寻哥巴文发展的一般规律。

第七编

哥巴文字词典的编纂及使用

在编纂字词典时，学者一般把东巴文和哥巴文合编在一起。国内外有三部已经出版的东巴文与哥巴文合编的字词典，分别是法国学者巴克的《东巴文与哥巴文字典》，方国瑜的《纳西象形文字谱》，以及美国学者洛克的《纳西语-英语百科辞典》。李霖灿编纂的《么些标音文字字典》是唯一一部独立成书的哥巴文字典。

一、《东巴文与哥巴文字典》

1. 作者及编纂历程

雅克·巴克（Jacques Bacot，1890—1967），法国早期藏学研究的代表人物，法国高等实验学院教授。1908年，巴克进入法国亚洲学会，1945年他继著名汉学家伯希和之后成为会长。1947年，巴克成为法国金石与美文学科学院不承担义务的自由院士。他同时兼任地理学会法国委员会学术负责人，还担任历史和科学工作委员会《地理杂志》、法国亚洲委员会、人类学会理事会的职务。国外的很多学会也把他列为其成员，其中包括东方和非洲研究院、皇家亚洲学会等。我国著名藏学家丁道泉是他的学生。早在1912年，他便把旅行中搜集的绘画和青铜器捐给法国国立亚洲艺术博物馆。1967年，巴克去世后，他的藏书和论文被吉美特博物馆收藏。①

1904年，巴克环游世界。当他在印度支那停留时结识了巴黎外方传教会的神父，这些人在后来的西藏之旅中给予了他很多帮助。1907年，巴克首次西藏之旅的目的是访问西藏察龙地区。他从四川会理出发，向北经西昌、康定、道孚到达炉霍，后折向北，经理塘到达贡嘎岭地区，又向南到达澜沧江地区，先溯江而上到达川藏交界的巴塘，后顺江而下到达云南的维西、中甸、白地、丽江等地。两年之后，他又重新踏上了赴西藏的路，这次路线与上次差不多，不过这次他发现了东巴教的发源地：中甸的白地。

1911年，巴克在《通报》发表《穿过西藏东部》，详细地叙述了两次西藏之旅的路线和考察成果。考狄在《么些》一文中披露，巴克在1907年收集到20部东巴经书，其中18部是用象形文字书写的，另外2部是用标音文字书写的。此外，巴克还收集到一些丽江地区的汉文史料。

---

① 玛赛尔·拉露：《法国的藏学先师雅克·巴科》，载郑炳林主编，耿昇译《法国藏学精粹》，甘肃人民出版社，2011年。

2. 编辑和出版

《么些研究》全名《么些人，其宗教、语言和文字，附有关丽江的历史地理文献》，1913 年出版。《东巴文与哥巴文字典》便被收入《么些研究》之中。2020 年，云南大学出版社出版《么些研究》中译本。这本字典实用意义不大，不推荐初学者阅读和使用。

3. 体例

（1）编排：《东巴文与哥巴文字典》分成两个部分。第一部分纵向分四栏：第一栏意义，也就是词义；第二栏注音，用拉丁字母拼写的纳西语；第三栏表意符号，也就是东巴文；第四栏表音符号，也就是哥巴文。样式如下：

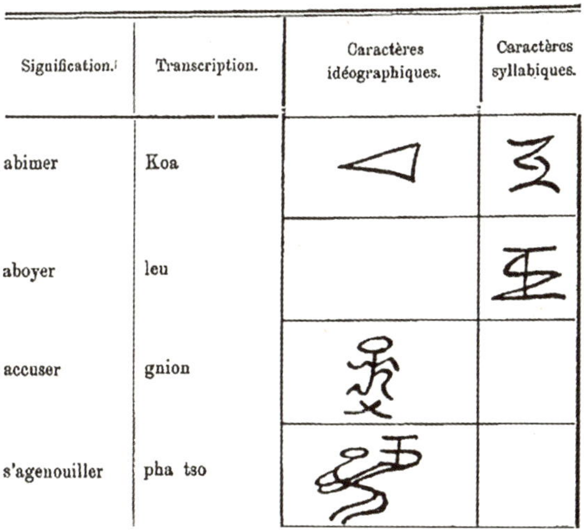

Signification.	Transcription.	Caractères idéographiques.	Caractères syllabiques.
abimer	Koa		
aboyer	leu		
accuser	gnion		
s'agenouiller	pha tso		

>《东巴文与哥巴文字典》第一部分（局部）

第二部分收录的是没有注音的东巴文或哥巴文字或字组，分两栏：第一栏第一列是法语释义，第二列是东巴文或哥巴文字或字组。样式如下：

amandier
ami
amour
carottes
sorte de cerf
chanter

>《东巴文与哥巴文字典》第二部分（局部）

（2）收字：《东巴文与哥巴文字典》第一部分共收录词条385个，不计重复和异体，共收东巴文单字278个，东巴文或哥巴文组成的字组39个。哥巴文字符共231个。第二部分收录东巴文及哥巴文字组91个。

（3）音系：巴克并没有指出他所记录的是哪个地区的纳西语语音，但是从他在纳西族地区的旅行轨迹可以看出，他的纳西语调查点大致在丽江、维西和白地。帮助他翻译东巴经的是维西和丽江的东巴，因此，我们可以断定巴克记录的是纳西族西部方言。巴克没有使用国际音标注音，而是根据法语字母的发音来标写纳西语的读音。巴克选定了34个声母，29个韵母，没有声调符号。

4. 学术价值

(1)巴克编纂了纳西学史上第一部东巴文和哥巴文字典，这部字典虽然只收录了三百多个哥巴文字符，但是有开创之功。

(2)字典所收字的来源可靠。字典中的东巴文和哥巴文都源自巴克所翻译的东巴经。这样我们就可以不单单依靠巴克的解释，还可以在巴克翻译的东巴经中找到相应的字去印证。

(3)字典中收录很多异体字和变体字，是在其他东巴文辞书中从未见过的。例如，兰花、杏、茄子、害怕、红色。目前所有出版的东巴文辞书都没收录这些字。

5. 不足

(1)注音不准确，存在一音多符的现象。巴克认为纳西语的发音不够稳定，以致他常常会把 lu 听写成 lou、lo 或者 leu，kou 会写成 khou、kvou、khu、kheu、kveu、gheu，等等。但实际上，是因为巴克没有很好地分析纳西语的语音，没有归纳音位，才会出现一音多符的现象。

(2)辗转翻译，释义多有舛误。巴克翻译过的经书中一般在经书原文旁边都标注汉语解释，因此我们推测，巴克的翻译过程是先让东巴把经文中的每一个符号的意义都翻译成汉语，然后再请翻译人员把汉语翻译成法语。有些字只表音不表意，如果强行将其译成汉语,势必会出现错漏。即使将每一个符号都准确地翻译成汉语,东巴文所记录的纳西语跟汉语的语法规则也是不同的,所以把每个符号的汉语释义连缀在一起也很难表达一个完整的纳西语句子。

二、《么些标音文字字典》

1. 作者及编纂经过

李霖灿,汉族,1937年毕业于国立杭州艺专,由于日军侵华,大批学生后撤到西南地区。1939年,李霖灿从杭州艺专毕业后就来到丽江,本想学习考古,后来对东巴文化产生浓厚的兴趣,便改行研究雪山下的东巴经和东巴文。1940年3月,李霖灿得到国民政府教育部资助,开始整理翻译东巴经。1941年7月,李霖灿受国立中央博物院筹备处的聘任,为之搜集东巴经典并研究东巴文化。1942年初,李霖灿与调查队从丽江出发,向北渡过金沙江到白地,在白地进行了两个多月的调查研究。在白地,李霖灿结识了他一生的朋友和合作伙伴东巴和才,并请他做向导,一起向北追寻经典上记载的纳西族迁徙路线。1943年11月,李霖灿跟和才到达当时中央博物院筹备处的驻地——四川李庄,在李方桂的学生张琨的帮助下开始编纂《么些象形文字字典》和《么些标音文字字典》。1944年6月,中国第

一部正式出版的东巴文字典——《么些象形文字字典》问世。1945年8月，中国第一部哥巴文字典——《么些标音文字字典》出版。接下来他深入东巴文献的研究中去，1957年出版了《么些经典译注六种》（1977年再版扩展成为《么些经典译注九种》），然后他的研究又扩展到纳西族的民俗、历史、宗教。1949年，李霖灿离开大陆后依然没有放弃对东巴文的研究，并于1955年应邀赴美整理美国国会图书馆所藏东巴经。1982年，李霖灿出版的《么些研究论文集》，成为他的收山之作。李霖灿是国内最早研究纳西东巴文化的学者之一，因其在东巴文化研究上的卓越成就，被誉为“么些先生”。

2. 编辑和出版

《么些标音文字字典》共有三个版本，分别为：

书名	出版机构	出版时间	印刷方式
《么些标音文字字典》	国立中央博物院筹备处（李庄版）	1945年8月	石印
《么些象形文字字典·么些标音文字字典》	台湾文史哲出版社（台湾版）	1972年4月	影印
《纳西族象形标音文字字典》	云南民族出版社（昆明版）	2001年8月	重抄

台湾版是李庄版的影印版，与《么些象形文字字典》合印装订，全名为《么些象形文字字典·么些标音文字字典》。昆明版也是《么些象形文字字典》和《么些标音文字字典》的合订本，全

名为《纳西族象形标音文字字典》,《么些标音文字字典》更名为《纳西族标音文字字典》。此版本将原来的竖标改为数字标音,并修改了声调的调值,将11调改为31调。三个版本当中,昆明版最易获得。这部字典是学习哥巴文的主要参考书之一,推荐初学者阅读和使用。

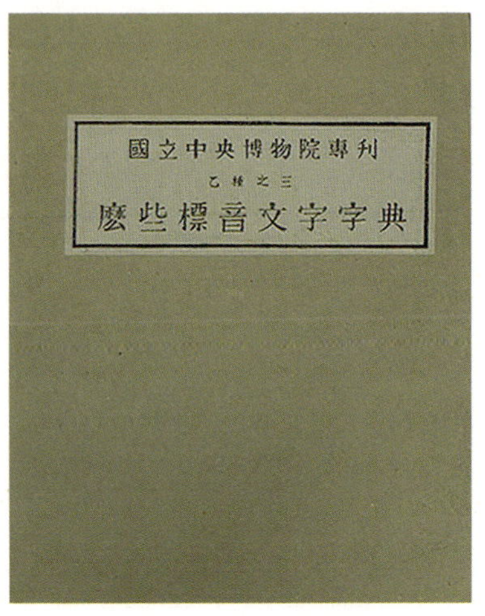

>《么些标音文字字典》初版封面

3. 体例

(1)编排:以音序排列哥巴文。李霖灿在字典的凡例部分将声母和韵母按次序排列,并说明哥巴文的排列顺序是按照声母和韵母依次拼合的顺序。音节的声调由高到低排列。

[pɯɪ]

pɯ　……

jʌ˩ — ɭa˧ tɯ˥ 多巴书

˥ 寫字　梳　紋(虎紋 豹紋)　指甲(有時)　擾人清夢
—— mɛ˧ 梳子
—— tsʌ˧ 篦子
—— dɯ˩ 虎豹
—— wɛ˩ 花紋
—— dzɯ˩ jʌ˧ ma˩ 生花紋之超法神
˧ 朽爛
˩ 拔

p'

p'a

˧ ŋɯ(
臉　方面　方向　發露　可惜
—— bɛ˧ 糟蹋
—— mba˩ 禮物
—— mɛ˧ 面子
—— nɯ˥ 禮物(尊敬語)
—— na˩ 不高興的臉色
—— ndzʌ˩ 討厭

>《么些标音文字字典》内页局部

例词按照词的音节的多少排列，依从少到多的次序从上往下排列，先国际音标，次汉字解释。例词有书面语，也有口语。从这个角度上看，该字典完全可以看作一部以音序排列的简易纳西语词典。

《么些标音文字字典》附有音字索引。音字索引是按照字形笔画排列的，方便用字形检索字音。李霖灿把字形分为单点、弯钩、斜线、竖线、圆圈、曲线、横线、结、两点、折线、“十”字、三点、三角、长方形和⊗，共15类(见下图)，每一类下又按笔画多少排列。示例如下：

1. •　凡是字形中帶有一点“•”的都歸在這一類中。
2. ɷ　凡是字形中帶有這麽一彎鈎“ɷ”的都歸在這一類中。
3. /　凡是字形中帶有一斜道“/”或“\”的都歸在這一類中。
4. |　凡是字形中帶有一竪道“|”的都歸在這一類中。
5. ○　凡是字形中帶有一個圓圈“○”的都歸在這一類中。
6. ϱ　凡是字形中帶有不規則的彎曲線條“ϱ”的都歸在這一類中。
7. —　凡是字形頂上有這麽一横平道“—”“⌐”“⌐”的都歸在這一類。
8. ɤ　凡是字形中帶有這麽一擔扭的“ɤ”都歸在這一類中。
9. :　凡是字形中帶有兩個点的都歸入這一類中。
10. ∧　凡是字形頂上有∧八或∨∨的都歸入這一類中。
11. 十　凡是全用直劃及横劃組成的字都歸入這一類中。
12. ⋮　凡是字形中帶有三個点或三個以上的点時都歸在這一類中。
13. △　凡是字形中帶有三角形“△”的都歸在這一類中。
14. □　凡是字形中帶有方框子“□”四方形的都歸在這一類中。
15. ⊗　凡是以上十四類中歸納不進去的音字都併入這一類中。

>《么些标音文字字典》音字索引示例

《么些标音文字字典》附有音字简表。音字简表是一个常见常用哥巴文的集合,按照声韵结合的方法将哥巴文填写在相应的方框中,并对有分声调趋向的哥巴文作了处理。该表共收351个哥巴文字符,其中47个区分声调。示例如下:

>《么些标音文字字典》音字简表示例

(2)收字:《么些标音文字字典》共收哥巴文字符2423个,245个音节,平均每个音节有9.89个字符。《么些标音文字字典》共有349个哥巴文字符有分调趋势。

哥巴文的来源主要有四种材料,即《音字形字对照表》(和泗泉所刻)、《加被威灵经》《祭风占卜经》(可能为和文裕所写)、《音字汇编》,而这四种材料分属丽江、南山、巨甸和鲁甸四个地方。这就意味着字典中哥巴文的来源广泛,是不同东巴、不同地域所有哥巴文的集合。

(3)音系:《么些标音文字字典》以纳西族西部方言的鲁甸语音为准。具体如下:

声母的次序是

p pʻ b mb m f v
pj pʻj bj mbj mj
t tʻ d nd n l
tw
ts tsʻ dz ndz s z
sw
ʈ ʈʻ ɖ nɖ
ʈw ɖw nɖw
tʂ tʂʻ dʐ ndʐ ʂ ʐ ɻ(1)
tʂw tʂʻw dʐw ndʐw ʂw ʐw ɻw
tɕ tɕʻ dʑ ndʑ ȵ ɕ
k kʻ g ŋg ŋ h
kw kʻw ŋgw hw
ʔ
j w ɥ

韵母的次序是

a æ ɛ i ʌ(2) ʌɻ ɯ(3) o u(4) uɻ y.

>《么些标音文字字典》纳西语音系

声调有四个，高平调˥、中平调˧、低平调˩和低升调˩˧，如果转化为数字分别是55、33、11和13。

3. 学术价值

(1)《么些标音文字字典》是迄今为止唯一一部详尽完备且独立成书的哥巴文字典，体例比较完备，规模比较宏大，共收哥巴文字符两千多个，也相当于一部按音序排列的辞典。闻宥曾这样评价这部字典:“当此摩些人士日益汉化,文献放失,浸假难求之际,得李君著为专书,以供学人之研讨,此其意义之深长,固远胜于专嚼蔗滓也。”[1]

(2)检索工具丰富。除了音序检索外,该字典还配备两种检索工具。一是按照音字简表检索常用字,二是根据字形和笔画检索字音。

4. 不足

《么些标音文字字典》在对哥巴文异体字的处理上存在一定缺陷,李霖灿并没有将异体字的观念引入字典的编纂中,因此在排列哥巴文时,只要字与字之间有差别,无论大小,一概罗列在内,这也是字典收字多的一个原因。如字典中pɑ音节共收8个哥巴文,其中有7个字形只有细微差别(如下图)。

pa
木盔 大碗 以手貼按 木頭上砍成之缺刻馬口.
mbæ˧ — 野鴨頭上之冠毛
mbi˧ — 小肚 溺器
tɯ˩ — 竹盆
— tɯ˥ 缺馬口
— tʻɯ˩ 無把木桶
ndo˩ — 屁股

>《么些标音文字字典》局部

① 闻宥:《么些标音文字字典》(书评),《燕京学报》,1946年6月第30期。

三、《纳西象形文字谱·纳西标音文字简谱》

1. 作者及编纂历程

方国瑜，纳西族，1923年赴北京求学，从钱玄同、余嘉锡、马衡诸先生，治音韵、训诂、目录、校勘、金石、名物之学；从陈垣、梁启超、杨树达诸先生，治史地之学。1932年，时任北京大学国学研究所导师的刘半农看了巴克编纂的《东巴文与哥巴文字典》后，很受触动，随即嘱咐自己的纳西族学生方国瑜回乡调查，并编纂东巴文字典。1933年秋，方国瑜回到丽江，与周汝城、杨品超一道聘请东巴和宗道讲东巴教的传说、教义和各种道场仪式，编经书目录，讲解内容。后请三位不同教派的东巴教徒写单字卡片及标音字汇，分别逐字批记音读和众义，初步整理。最后请和士贵东巴校订。1934年6月完成资料收集工作。刘半农去世后，方国瑜又到南京从赵元任、李方桂学习语言学，制定纳西语音标。接下来他着手编写东巴文和哥巴文字典，先编象形文字及标音卡片，再编字汇，至1935年完稿。方国瑜对东巴文的产生发展和构造、纳西族的迁徙史进行了深入的研究，并试着把东巴文与甲骨文、金文相比较。他发表了《“古”之本义为“苦”说》《纳西族的渊源、迁徙和分布》《么些民族考》等多篇论文。

2. 编辑和出版

1935年，方国瑜编成《么些文字》后，章太炎为之作序，但未出版。1940年，第二次定稿，方国瑜修改并写绪论。此次定稿被美国人罗伦士劫走。1964年在傅于尧的帮助下，他重新整理，改称《纳西象形文字简谱》，亦未出版。1979年，在和志武的帮助下，第四次定稿为《纳西象形文字谱》，于1981年由云南人民出版社出版，版面为16开。2005年再版，只是将版面改为32开，内容不变。32开版是目前最容易获得的。这部字典是学习哥巴文的主要参考书之一，推荐初学者阅读和使用。

> 2005年32开版

3. 体例

（1）编排：《纳西标音文字简谱》是《纳西象形文字谱》的部分内容，它既是一部纳西语词典，又是一部哥巴文字典。简谱按照读音编排，先声母，后韵母。声母按照发音部位以唇音、唇齿音、舌尖音、舌面音、舌根音排列。声母先排单元音，后排双元音。单元音又从前到后，从高到低排列。示例如下：

纳西标音文字简谱

附　常用词汇

p

pɿ

˩ 膠 911　　˩ 辣　　˩ 痛心

˩ 狠（打的狠）　　～gu˩ 刺痛

～ʦʰɿ˥ 螫人　　～ny˩ 焦臭

～ɛɿ˧na˧be˧ 狠狠地

˧ 漂冲 580　　～li˩ 笛子 1106　　～li˩mu˩ 吹笛 652

～li˩ 摇动　　～li˩ 滚开

>《纳西标音文字简谱》内页局部

（2）收字：《纳西标音文字简谱》共收哥巴文字符687个，257个音节，其中有41个音节没有相应的字符。

(3)音系:《纳西象形文字谱》以纳西族西部方言的大研镇土语为准。具体如下:

发音部位 名称 / 发音方法			双唇	唇齿	齿尖	舌尖	卷舌	舌面	舌根
上部			上唇	上齿	上下齿	齿龈	硬腭	硬腭	软腭
下部			下唇	下唇	舌尖	舌尖	舌面前	舌面	舌根
破裂声	不带音	纯	p			t			k
		送气	pʻ			tʻ			kʻ
	带音		b			d			g
鼻音			m			n		ȵ	ŋ
破裂擦声	不带音	纯			ts		tʂ	tɕ	
		送气			tsʻ		tʂʻ	tɕʻ	
	带音				dz		dʐ	dʑ	
擦声	不带音			f	s		ʂ	ɕ	h
	带音			(v)	z		ʐ		ɣ
边声						l			
元音			v ɿ (ʅ) i y ɯ u e ə æ ɚ a o						

>《纳西象形文字谱》纳西语音系

声调分四个,分别是低降调˩、中平调˧、高平调˥、低升调˩˧,转化为数字分别是21、33、55和24。

4. 学术价值

虽然《纳西标音文字简谱》所收字符数没有《么些标音文字字典》多，但是所收哥巴文字符都是经过仔细挑选的，每个音节下选了较为普遍和规范的哥巴文形体，因此，对于初学者学习哥巴文大有裨益。

5. 不足

《纳西标音文字简谱》的不足在于没有检索工具，读者只能按照读音查找相应的字符。

四、《纳西语-英语百科辞典》

一、作者及编纂历程

洛克，全名约瑟夫·弗兰克斯·洛克（Joseph Francis Rock ，1884—1962），美籍奥地利人，1884年1月13日出生于维也纳一个下等阶层的家庭。父亲是一个男仆，母亲在他6岁的时候就去世了。他还有一个姐姐和一个同父异母的弟弟。洛克从小酷爱旅行，13岁时就自学汉语。大学预科毕业后，他独自一人漫游欧洲。20岁那年，他与一家邮轮签约，受雇成为一个船舱服务员，并来到了纽约。1907年，他又来到夏威夷，在那里自学了十多种语言，并在一所中等专业学校教授拉丁语和自然史。在此期间，他迷上了植物学并开始从事相关的研究。1911年，他正式成为夏威夷大学的一名教授，讲授植物学。他出版了五部植物学方面的专著，发表了数十篇相关论文。1920年，他辞去夏威夷大学的工作，到哈佛大学成为一名植物标本馆馆员。1922年，他受聘于美国农业部，成为一名农业考察员，被派到远东，来到中国西南。他先后到过中国的云南、四川、青海和甘肃，收集动植物标本。1923年，洛克得到美国《国家地理》杂志的资助，率云南探险队以丽江为基地，在三江并流区域和云南其他地区探险，当时他住在丽江的玉龙山脚下的雪嵩村。从1922年到1931年，他在美国《国家地理》发表了9篇文章，内容主要涉及中国西部的人文地理，配有多幅照片。

1927年，洛克受到哈佛大学资助，考察的地域从丽江的东北扩展到西北。1930年，洛克自费重返纳西族地区，聘请丽江县龙蟠乡的东巴和华亭为自己的东巴教师，帮助他收集、整理和翻译东巴经书。此外，和华亭随洛克到丽江、鸣音、中甸、永宁等地考察东巴教仪式和收集东巴经书。洛克把所有的时间和精力都花在了纳西文献研究上，直到1943年迫于战事危急才离开丽江。

1944年，洛克乘飞机经印度、巴西回美国华盛顿，为国防部地图署工作。他的大部分资料托轮船运回美国，但途中被日军击沉在阿拉伯海。当时他悲痛欲绝，几欲自杀。幸好他的一部分资料的复制本被存放在美国华盛顿。1946年，他在美国哈佛大学燕京学社的资助下再次重返丽江，重新调查东巴教仪式和翻译东巴文献。但此时，多年担任他的东巴教师的和华亭已经去世了，他需要再培训一个新的东巴为他翻译东巴经，但是换了几个都很难让他满意。最终他经人介绍认识了金沙江边故南瓦村的东巴和作伟，他是和华亭的外甥，洛克认为和作伟是一个聪明的东巴。1949年，丽江解放。1949年8月初，洛克、顾彼得等人乘美国驻昆明领事馆派来的一架飞机离开丽江。洛克一直希望有机会可以重返丽江，但是直到他去世，这个愿望也没有达成。1962年12月5日，他在檀香山独居的家中去世，享年78岁。

《纳西语-英语百科辞典》是洛克纳西学研究的集大成之作，这部巨著花费了他近30年的时间。1932年6月30日洛克在云南丽江开始编纂这部辞典，历经30年，直到1962年洛克去世，这部辞典仍未能出版。这部辞典历经重重磨难，最大的挫折发生在1944年。一枚日军鱼雷击中了装载洛克所有资料的军舰。这批资料，包括他关于宗教仪式的译文和一卷已完成的《纳西语-英语百科辞典》手稿，全部沉入阿拉伯海。幸运的是，洛克在1934年把一份手稿复制本寄给一位朋友保管。1946年，他又重返丽江继续完成辞典的编纂工作。

2. 编辑和出版

1963年，《纳西语-英语百科辞典》的上卷由意大利罗马东方艺术研究院出版。1972年，下卷出版。《纳西语-英语百科辞典》上卷于2004年由和匠宇译，郭大烈、和力民校，更名为《纳西语英语汉语语汇》第一卷，由云南教育出版社出版。译本对东巴文采用扫描的形式，保留了原书的英文解释，只是在英语释文后增加了汉语的翻译。在翻印的过程中，中译本漏掉了原书后面的24个附加字。下卷至今没有中译本。这部辞典是学习哥巴文的主要参考书之一，推荐初学者阅读和使用。

>《纳西语-英语百科辞典》第一卷中文版

3. 体例

（1）编排：在《纳西语-英语百科辞典》上卷3120个条目中，有6个条目只有读音和意义而没有字形。其余的条目都由东巴

文字形、注音和释义三部分组成。辞典的收词范围主要来自东巴经，但并不局限于经典中的词汇，还有一些词汇标明是口语。

《纳西语-英语百科辞典》中既收录东巴文，又收录哥巴文，但哥巴文不算作正式的条目，且形式有别：东巴文条目都加框，哥巴文没有加框。

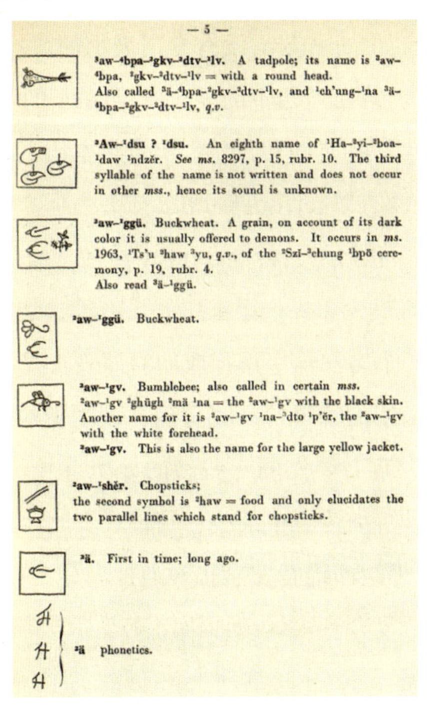

— 5 —

^{3}aw–^{4}bpa–^{2}gkv–^{2}dtv–^{1}lv. A tadpole; its name is ^{3}aw–^{4}bpa, ^{2}gkv–^{2}dtv–^{1}lv = with a round head.
Also called ^{3}ä–^{4}bpa–^{2}gkv–^{2}dtv–^{1}lv, and ^{1}ch'ung–^{1}na ^{3}ä–^{4}bpa–^{2}gkv–^{2}dtv–^{1}lv, *q.v.*

^{2}Aw–^{1}dsu ? ^{1}dsu. An eighth name of ^{1}Ha–^{2}yi–^{2}boa–^{1}daw ^{1}ndzĕr. *See ms.* 8297, p. 15, rubr. 10. The third syllable of the name is not written and does not occur in other *mss.*, hence its sound is unknown.

^{2}aw–^{1}ggü. Buckwheat. A grain, on account of its dark color it is usually offered to demons. It occurs in *ms.* 1963, ^{1}Ts'u ^{2}haw ^{3}yu, *q.v.*, of the ^{2}Szĭ–^{3}chung ^{1}bpö ceremony, p. 19, rubr. 4.
Also read ^{3}ä–^{1}ggü.

^{2}aw–^{1}ggü. Buckwheat.

^{2}aw–^{1}gv. Bumblebee; also called in certain *mss.*
^{2}aw–^{1}gv ^{2}ghügh ^{2}mä ^{1}na = the ^{2}aw–^{1}gv with the black skin.
Another name for it is ^{2}aw–^{1}gv ^{1}na–^{3}dto ^{1}p'ĕr, the ^{2}aw–^{1}gv with the white forehead.
^{2}aw–^{1}gv. This is also the name for the large yellow jacket.

^{2}aw–^{1}shĕr. Chopsticks;
the second symbol is ^{2}haw = food and only elucidates the two parallel lines which stand for chopsticks.

^{2}ä. First in time; long ago.

^{2}ä phonetics.

>《纳西语-英语百科辞典》内页局部

上图加方框的字形，洛克认为它是东巴文，而哥巴文不加方框，且只有注音没有释义，洛克把哥巴文定名为纳西哥巴文标音符号，皆用标音符（原书为phonetic）的名称来标明并附在与之读音相同的东巴文之下。但是书中标明是标音符的不一定都是哥巴文。

(2)收字:由于哥巴文不分声调且异体众多,我们把同音的哥巴文合并成一组,辞典中共收录的哥巴文字符有800个,其中包括异体,合并后共有224组。

(3)音系:洛克在引言中说:"纳西象形文词汇共有276个复合音。某些音,如nĕr和biu,没有专门表示的符号,只能凭记忆在文本中读出。纳西口语中的复合音比纳西书面语中的要多,但因为没有专门表示它们的符号,所以在本语汇中就把它们省略了。词汇中没有以i,j,qu,f,u和x开头的词。大多数词以字母d,g,k,m,n,s和t开头,特别以d和n最多。那么以e,f,o,a和u开头的词数量最少。……语汇中并没有给出纳西语音的国际音标,但是有一个与罗马字母相应的对照表。我认为IPA(国际音标协会)所采用的字母并未完全包含表达纳西语中某些复合音的字母,所以有必要发明一些新的标识符号。另外,对于其他语种的人来说,纳西语中某些音是很难发的,而且仅根据IPA所用的字母来把纳西语音完全正确地标出是不可能的。"[①]辞典还附有《纳西语复合音表》《纳西语洛克音标与国际语音学会音标对照表》(见下表)和《纳西与相邻民族的部分口语词汇比较》。

洛克音标	IPA	洛克音标	IPA
a	ɑ	ll	l(比l浑厚)
ā	ɑː	m	m

① 洛克著,和匠宇译:《纳西语英语汉语语汇》,云南教育出版社,2004年,第26页。

续表

洛克音标	IPA	洛克音标	IPA
‘a	a	n	n
aw	ʕ	n	n(不读鼻元音)
ä	ɔ	n̄ḡ	在音节开头,发音像nasal
b	ɛ	ng	ŋ(在音节的最前或最后面)
bb	bb(中清音)	nn	nn
bp	p(清音,不送气)	nv	nv
ch	ʧ	ny	ɲ
ch’	ʧ’	ō	oː
d	d	ŏ	ɔ
dd	ɖ	ö	oe
dt	ʈ	oa	o͡a
dsh	dʃ	ou	o͡u
ds’	ds’	p’	p’
dz	ʡ	ss	s
e	e	sh	ʃ
ĕr	eɹ	sz	z
erh	与汉语中的音节相同	t’	t’
ff	ff	ts	ʦ
g	g	ts’	ʦ’
gg	gg	u	u
gk	k	ŭ	ʌ
gh	ʁ	ü	y
h	h	ùan	ũan

续表

洛克音标	IPA	洛克音标	IPA
i	i	uàn	uàn
ī	iː	ŭe	u͡e
ĭ	ĭ	ùen	ùen
k	k	uèn	uèn
k’	k’	v	v
kh	ç	w	w
ḳh	x	y	j
l	l	zh	ʒ

纳西语的声调共有四声，辞典用数字1、2、3和4标在词的左上方。第一声为降调，第二声为平调，第三声为短的升调，使用这三个声调的词是纯粹的纳西语词。第四声表示由低高升到高。

4. 学术价值

(1)《纳西语-英语百科辞典》是目前规模最大、收词最多的东巴文语文辞书。它并非主要以我们语言文字学的传统意义上的“字”为对象，而是主要以语言学意义上的“词”为对象。从这一定位出发，它就与方书、李书这两部字典有所不同。辞典中记录了3000余个东巴文单字、字组，其中有很多是《纳西象形文字谱》和《么些象形文字字典》所不见的，可以为文字学的研究提供更多的材料。

(2)《纳西语-英语百科辞典》是内容充实的东巴文化百科全书。此书对文字进行解说时常常包含对于该字所反映的相应文化现象的介绍。辞典还保存了很多纳西东巴文化的仪式规程和内容,是研究东巴文的活化石。就像杨福泉所说,洛克对东巴教仪式和经书的翻译和解释中保留了很多珍贵的资料,有许多是后世年轻的东巴已解释不清楚的。笔者于2010年7月在云南省丽江市玉龙纳西族自治县黄山镇南溪村做了为期十二天的田野调查。以辞典中的词条为基础并结合此次考察的情况和已经出版的相关调查报告,从文化的角度证明了《辞典》的价值。

5. 不足

(1)缺少索引。索引是辞书的重要组成部分,缺少索引的辞书的价值也将会大打折扣。辞典仅是按照东巴文音标首字母的顺序排列的,始a终z。

(2)注音系统复杂。洛克的注音系统非常复杂,且很难与目前通行的国际音标相对照。这也是造成它使用不够广泛的主要原因。

结 语

纳西古文字有两朵奇葩，一朵是东巴文，另一朵是哥巴文。两朵鲜花既并蒂相连，又争奇斗艳。现存东巴文有早期的图画文字，有发展期的象形文字，有表音的假借字和带表音成分的形声字，反映出不同的历史层次。东巴文通过文字假借，减少字符，简化字形，抽象音节，加上借用汉文、藏文，并新造一部分字符，从而进入表音文字阶段，便形成一种独立的音节文字——哥巴文，如进一步发展，还可能成为字母—音素文字，只是哥巴文发展到音节文字阶段便停滞了。

哥巴文处在表音文字的初级阶段，存在很多不足，大多数音节字符体态不固定，抽象概括性差；异体堆积，一符多音，统一性差；语言中实际存在着声调音位，但字符却没有反映出来，记录语言的准确性差；有的音节缺字符，有音无字，字符的完整性差。因此，哥巴文远远谈不上完善，其应用也不广泛。

东巴文很早就在吸纳藏文和汉字的字符来不断完善自身的文字系统，这部分字自然进入哥巴文文字系统。我们推测，明代之前，哥巴文已经开始萌芽，产生单个字符，明代末年产生大量脱离象形文字的抽象字符，直到清末才出现独立用哥巴文抄写的东巴经，自此宣告哥巴文完全脱离东巴文而独立存在。这经历了一个很长的过程，其间既有量的积累，又有质的转变。虽然哥巴文还不够完善，有很多古老音节文字都有的一些通病,但是从文字发展的角度来看,它无疑是先进的。

我们认为促使哥巴文产生和发展的原因有两个:

第一,社会发展的需要。最开始时,东巴都能熟练背诵经文,并不需要毫无遗漏地记录经文的每一个音节。因此,早期东巴经是一种提醒式、省略式、速写的文字记录。但是随着社会的发展、经书数量的增加以及外来文化的影响和介入,特别是一些佛教梵文文献、道教汉文文献的引入,背诵经文的难度陡增,这就要求文字尽可能地完整记录经文的每一个音节。除了增加记录语言的密度之外,还需要对字符本身进行改造,使其适应一字一音的模式。东巴开始大规模改造和简化东巴文,并吸纳藏文、汉字等周边其他民族的文字进入其文字系统,于是哥巴文应运而生。

第二,有一批学识渊博,且具有远见卓识的大东巴。一般东巴都师从父亲或者师傅学习东巴经和宗教仪式,但是大东巴不一样,他们不仅熟练掌握宗教仪轨,还非常善于学习和吸收其他民族的优秀文化,具有很强的文化自觉性。和文裕、和凤书、和泗泉、和芳就是这些大东巴的杰出代表。再比如,李霖灿在中甸白地调查的时候,结识了一位名叫和文采的东巴,他谈到哥巴文虽有音值却没有表示声调的符号,东巴们现在是靠上下文气而随时加以调整,问李霖灿有没有更好的办法。李霖灿就把汉人注音符号标四声的办法告诉他,和文采听后异常高兴,说要用这套办法去对和泗泉刻的书加以改进。正是这些大东巴的不懈努力,才推动了哥巴文的文字改革。

这本书虽然到此结束了，但是关于哥巴文的讨论才刚刚开始，还有很多谜团等待我们去破解，比如，它跟彝文的关系，不同地域哥巴文的差异，等等。就像喻遂生所说："作为一种活着的、与原始象形文字并行的标音文字，哥巴文的学术研究价值不言而喻。哥巴文的研究可以说仅仅开了个头。哥巴文产生的时间、过程、原因，哥巴文的字数、字形、结构、字源、流变、字音、字义，哥巴文的地域、人群、文体、时代分布和差异，哥巴文经典的文献学研究，哥巴文经典的专书研究，哥巴文字典的编纂，哥巴文的数据化处理等，都是重要而亟待开展的研究课题，愿有更多的学者关注和参与哥巴文研究，把哥巴文研究提高到新的水平。"①

① 喻遂生：《关于哥巴文字源考证的几点看法》，《中国文字研究》（第六辑），广西教育出版社，2005年，后收入《纳西东巴文研究丛稿》（第二辑）。

附录:音系对照

《纳西象形文字谱·标音文字简谱》《么些标音文字字典》和《纳西语-英语百科辞典》三部哥巴文字辞典的音系各不相同,使用的音标符号也不完全相同,这给读者的阅读和使用带来一些困难。为了方便读者更好地使用三部字词典,我们做了三部字词典的声母、韵母和声调对照。具体如下:

1. 声母

序号	《辞典》	《谱》	《么标》
1	b	b	b
2	b‘	b	b
3	bb	p	p
4	bp	p	p
5	mb	b	mb
6	mbb	b	mb
7	p’	p‘	p‘
8	pp’	p‘	p‘
9	m	m	m
10	f	f	f
11	ff	f	f
12	ds	ts	ts
13	dz	ts	

续表

序号	《辞典》	《谱》	《么标》
14	ts’	tsʻ	tsʻ
15	dz	ʥ	ʥ
16	ndz	ʥ	ndʐ/nʥ
17	ss	s	s
18	sz	z	z
19	z	z	z
20	z’	z	z
21	d	d	d
22	dd	d	d/ɖ
23	nd	d	nd
24	ndd	d	nd
25	t’	tʻ	tʻ/ʈʻ
26	dt	t	t/ʈ
27	n	n/ŋ	n/ŋ
28	nn	n	n
29	l	l	l/r
30	ll	l	r
31	dsh	tʂ	tʂ
32	ch	tʂ	tʂ
33	ch’	tʂʻ	tʂʻ
34	dzh	dʐ	dʐ
35	dz’		dʐ

续表

序号	《辞典》	《谱》	《么标》
36	nds	ʥ	ndʐ
37	ndsh	dʐ	ndʐ
38	ndz’	ʥ	ndz/ndʐ
39	ndzh	dʐ	ndʐ
40	sh	ʂ	ʂ
41	zh	ʐ	ʐ
42	nd’	d	nɖ
43	ny	ȵ	ȵ
44	t’gkh	tɕ‘	tɕ‘
45	tgk	tɕ	tɕ
46	dgku	tɕ	tɕ
47	gyi	tɕ	ʥ
48	dgy	dʑ	ʥ
49	kh	ɕ	ɕ
50	ndgy	dʑ	ndʑ
51	gg	g	g
52	gk	k	k
53	k’	k‘	k‘
54	ng	g	ŋg
55	h	h	h
56	ḳhu	h	h
57	gh	ɣ	

2. 韵母

序号	《辞典》	《谱》	《么标》
1	a	ɑ	ɑ
2	aw	ɑ	ɑ
3	ā	æ	æ
4	‘a	æ	æ
5	an	æ	æ
6	ä	ɑ/e	ɑ/ɛ
7	er	ər	ɛ
8	oa	ə	ʌ
9	ʊu	ə	ʌ
10	i	i	i
11	ǐ	ʅ	ɯ
12	iu	iə	iʌ
13	o	o	o
14	ō	o	o
15	ŏ	o	o
16	ö	y	y
17	ĕr	ər	ʌr
18	u	u	v
19	ung	u	o
20	ü	ɯ	ɯ
21	e	e	e
22	v	v	v

续表

序号	《辞典》	《谱》	《么标》
23	vu	v	v
24	ŭ	v	v
25	ĕrh	ər	æ
26	ăr	ər	æ
27	un	u	o
28	ùen	ɯ	ɯ
29	ùan	ɯ	ɯ
30	wuo		ɯ
31	oa	uɑ	wɑ
32	wua	uɑ	wɑ
33	wu	u	o
34	yi	i	i/ji
35	yu	iə	iʌ
36	yü	y	io
37	ŭe	ɯ/y	ɯ

3. 声调

《辞典》1→《谱》˨˩(21),《么标》˩(11)

《辞典》2→《谱》˧(33),《么标》˧(33)

《辞典》3→《谱》˥(55),《么标》˥(55)

《辞典》4→《谱》˨˦(24),《么标》˧˩(31)